团队情境中职场欺负行为的跨层次研究

付美云　著

天津大学出版社
TIANJIN UNIVERSITY PRESS

图书在版编目(CIP)数据

团队情境中职场欺负行为的跨层次研究 / 付美云著
. -- 天津 : 天津大学出版社, 2022.3
ISBN 978-7-5618-7093-8

Ⅰ. ①团… Ⅱ. ①付… Ⅲ. ①团队管理－管理心理学
Ⅳ. ①C93-051

中国版本图书馆CIP数据核字(2021)第262492号

出版发行 天津大学出版社
地　　址 天津市卫津路92号天津大学内（邮编:300072）
电　　话 发行部:022-27403647
网　　址 www.tjupress.com.cn
印　　刷 北京盛通商印快线网络科技有限公司
经　　销 全国各地新华书店
开　　本 185mm×260mm
印　　张 11
字　　数 197千
版　　次 2022年3月第1版
印　　次 2022年3月第1次
定　　价 58.00元

前　言

随着经济全球化进程和技术革新速度的不断加快，企业为了应对环境变化，纷纷开展了包括组织结构变革、临时雇用等在内的一系列工作与职场变革。随之而来的是职场关系逐渐以“直线管理者的特权增加，员工的工作安全感降低”为主要特征，管理者与员工在劳动关系中的权力不均衡性被进一步扩大，进而增加了员工作为权力弱势方遭受欺负的可能性。与此同时，伴随着“临时工”“合同工”以及“新生代员工”等成员身份越来越多地出现在工作团队中，身份差异导致的权力不均衡问题以及日积月累的团队消极情绪，为团队中的人际冲突升级为职场欺负行为埋下了伏笔。

然而，目前学术界和实务界对于职场欺负行为的概念尚未形成统一意见，一些管理者往往将职场欺负行为看作有助于实现绩效目标的一种管理手段，而非消极行为，进而导致目前管理当局对职场欺负的干预效果不佳。与此同时，由于当前占主导地位的职场欺负研究范式是功能主义研究范式，这一范式推崇高绩效工作系统，对职场欺负的解读主要基于工作要求-资源模型的压力路径，考察工作特征因素对职场欺负的影响，忽略了基于团队情境的人际冲突升级路径（如个体-团队身份差异、团队认同）以及基于管理者理念与实践的组织刺激路径（如社会心理安全氛围）对职场欺负的诱发作用。在批判管理理论范式和后现代主义范式看来，高绩效工作系统将工作绩效置于员工身心健康之上，由此增加了员工的工作压力，加强了同事之间的互相监督，进而为引发欺负行为提供了环境诱因。可见，一个重视员工身心健康的团队对于抑制职场欺负的发生所起的作用是至关重要的。

本书对职场欺负行为的研究脉络及其内涵与特征进行了阐述，并根据职场欺负行为的研究范式及产生路径，对已有关于职场欺负行为影响因素和影响结果的相关研究进行了述评。在分析已有研究不足和现实干预措施效果不明显的基础上，本书结合批判管理理论范式和后现代主义范式的观点，引入了“社会心理安全氛围”和“团队情绪”这两个组织与团队层面的变量，采用文献分析、深度访谈、问卷调查以及跨层次回归分析等方法，分别以“欺负者、受欺负者和旁观者共同构筑的社会心理安全氛围和团队情绪基调”“个人与团队的身份差异和团队认同”为两条逻辑主线，对团队情境下职场欺负的形成机制进行跨层次研究。研究结果表明：中国情境下的“职场欺负”包括“权利剥夺”“人为贬损”“工作压制”“人身攻击”和“社会排斥”五个维度；个体与团队其他成员在性别和地域特征方面的差异越大，受欺负的可能性就越大。同时，在团队消极情绪水平较高的情境下，个体与团队其他成员的身份差异越大，就越容易受到职场欺负；而在团队消极情绪水平较低的情境下，这种差异性并不是职场欺负的诱因。此外，西方的“社会心理安全氛围”量表中文版问卷具有非常好的信度和构念效度，其概念测量能够在中国得到很好的应用，并且社会心理安全氛围能有效抑制职场欺负的发生。为此，组织管理者应关注团队成员间的性别差异和地域差异可能造成的“少数派”受欺负现象，并给予员工更多享有组织身份的机会，以避免组织身份差异造成的“制度性欺负”；同时要重视对团队消极情绪的引导，将员工心理安全健康视为与工作绩效同等重要的关键工作目标，为员工营造良好的社会心理安全氛围。

在本书的撰写和出版过程中，得到了南开大学滨海学院的经费资助，南开大学乐国安老师和孟繁强老师在框架构思和数据收集方面给予了大力帮助，在此，特予感谢！

编者

2021年12月

目 录

第 1 章　绪论

职场欺负作为职场中普遍存在的一种消极行为，在较长的时间里，以相对隐秘的方式重复出现，给受欺负者和旁观者的身心健康以及整个团队和组织的人际氛围和工作效率带来了不良影响。本研究试图在梳理已有文献研究的基础上，厘清职场欺负的研究脉络、研究范式、产生路径、影响机制及相应的理论模型，并结合当前工作和组织领域的一系列变革实践，立足构建和谐劳动关系、实现企业和职工双赢的目标，分别从诱发职场欺负的人际冲突路径和组织刺激路径出发，对职场欺负的形成机制进行深度挖掘，即分别以“欺负者、受欺负者和旁观者共同构筑的社会心理安全氛围和团队情绪基调”“个人与团队的身份差异和团队认同”为两条逻辑主线，对团队情境下职场欺负的形成机制进行跨层次研究，以期进一步揭示职场欺负的本质，强调管理者应该重视团队消极情绪的影响，树立一种“生产力目标与员工的心理健康同等重要”的理念，从而积极采取措施对职场欺负行为进行干预。

1.1　研究背景

团队成员在诸如性别、年龄、学历等方面的背景差异，会导致团队存在由态度、价值观、信仰等方面构成的多样性，这为团队内的人际冲突提供了天然的环境。而职场欺负行为恰恰是人际冲突升级的结果。尤其在当前激烈的职场竞争压力下，贬低他人的工作价值，剥夺他人应享有的权利，散播流言蜚语，戏弄、嘲讽或孤立、排斥他人等欺负行为较普遍地存在于职场之中。中国学者郭靖等人（2015）通过深度访谈发现，职场欺负在中国是普遍存在的，但同时也被组织和个人普遍地漠视。虽然已有研究表明，职场欺负行为对个体身心健康和组织效能造成了消极影响，个体和工作方面的特征对职场欺负行为有诱发作用，但目前组织管理层对于职场欺负行为的现有干预措施效果却不明显。因此，本研究尝试从个体层面的身份差异和团队认同以及团队层面的社会心理安全氛围和团队消极情绪出发，对团队情境下职场欺负的形成机制进行跨层次研究，以期进一步揭示职场欺负的本质，进而推动组织采取积极的干预措施规避职场欺负对个体和组织造成危害。

1.1.1　工作压力导致职场欺负问题日益突出

当前组织间竞争的加剧以及金融压力的增加，迫使管理者既要想方设法缩减成本，又要保持有竞争力的生产效率，从而以更少的资源获得更多的产出。在这种巨大的经营管理压力下，一些管理者凭借其权力与地位上的优势，很有可能会对下属员工施加诸如身体攻击、口头辱骂、分配不公平的工作任务、散布流言以及社会排斥等欺负行为。

与此同时，组织为了削减成本，提升生产力水平，开展了包括组织结构重组、财务预算缩减、职能与工作外包以及临时雇用等在内的一系列组织与工作变革。原有金字塔形的组织结构越来越呈现扁平化的趋势，管理层级逐渐减少，管理者的管理幅度则逐渐扩大。随之而来的是职场关系逐渐以“雇主雇佣条件日趋个性化、直线管理层的特权增加”为主要特征，员工的工作安全感以及在劳动关系中的话语权逐渐减弱，进而增加了权力和地位处于弱势的一方遭受管理者欺负的可能性。

全球领先的在线招聘网站 Monster 对于“职场欺负”进行的一项调查结果显示，“职场欺负”已成为全球范围内普遍存在的社会现象，约有 2/3 的受访者承认自己曾在工作中遭受欺负，而在没有遭遇欺负的员工里，也有超过一半的人表示曾经目睹这种情况的发生。在欧洲受访者中，高达 83%的人声称曾在精神和肉体上受到欺负；在中国，约有 40%的受访者表示曾在工作中受欺负。智联招聘网对中国一万多名职场人员进行的一项为期一个月的调查也显示，有近半数的人承认曾被领导“打入冷宫”而不受重用。香港基督教家庭服务中心通过电话访问了 509 名在职人士，结果发现 53%的受访雇员坦言曾被同事或上司欺负，可见职场欺负时常发生。

1.1.2　团队多样化导致人际冲突与情绪管理日益重要

如前所述，当前组织为了缩减成本、提高生产效率，开展了一系列的组织和工作变革，其中一项就是引入工作团队。工作团队的灵活性较大，既可以完成永久性的工作，又可以从事暂时性的工作。实践证明，一些全球领先的优秀企业，诸如通用电气公司、惠普公司、苹果公司以及艾默生电气公司等，都不约而同地采取了团队运作形式。这种形式之所以受到青睐，一方面在于团队成员的协调与合作能够产生“1+1>2”的协同效应，提升了团队整体的问题解决能力；另一方面，团队工作能够促进成员间的互动，能为成员提供归属感和情感性的支持，具有提振士气、降低员工流失率以及提高工作满意度的作用。

然而，伴随着职能与工作外包以及临时雇用等雇佣方式的变革，“外包工”“临时工”“租赁工”“合同工”等成员身份越来越多地出现在组织的工作团队中，工作团队的成员构成越来越多样化。这种多样化的团队构成在为组织带来“节约人工成本、提高雇佣弹性”等好处的同时，也向组织的人际冲突和情绪管理能力提出了挑战。一方面，团队对个体的影响力要比个体对整个团队的影响力大，整个团队的情绪会形成一种情绪基调，进而影响和改变团队成员的情绪和工作效率，甚至成为影响一个团队成员留在团队意愿的主因。另一方面，团队中的情绪是相互影响的，团队中一个成员的负面情绪可能引发连锁反应，这种情绪感染具有在人际蔓延的特性。而由身份差异导致的权力不均衡问题以及与之相伴的负面情绪的积累，为人际冲突的升级和职场欺负行为的出现埋下伏笔。尽管在“和为贵”的文化下，受欺负员工普遍选择隐忍，但长期隐忍或管理层长期忽视欺负，往往使员工带着“爆灯级”的愤怒情绪工作，这不仅会对工作及个人身心健康造成负面影响，而且会导致严重后果，个别员工会采取报复手段。长期遭受或旁观职场欺负行为的员工，由于处于权力弱势地位，往往敢怒不敢言，一旦寻找到发泄的机会，就可能联合起来以群体形式反抗或报复实施者。若企业管理层不及早介入公司内的欺负事件，选择袖手旁观，那么欺负行为可能成为团队文化，影响团队的工作氛围，甚至损害公司的经济利益。事实上，职场欺负研究的先驱者 Leymann 早在 1990 年对瑞典员工进行的研究中就指出[①]，每起职场欺负事件平均给企业生产造成的损失总额高达 3 万~10 万美元。职场欺负的发生会导致生产率降低、员工的病休率和离职率增加、员工对组织承诺降低、组织的赔偿责任增加。这些消极影响给组织和个人造成了巨大损失和伤害，由此可见职场欺负后果的严重性。

① LEYMANN H. Mobbing and psychological terror at workplaces[J]. Violence and Victims, 1990, 5(2): 119-126.

1.1.3 现有对职场欺负的干预措施效果不明显

鉴于职场欺负对个体与组织效能的消极影响，国际上一些政府和组织采取了相关政策和措施来应对职场欺负问题。比如：瑞典、法国、加拿大、澳大利亚、爱尔兰、英国和韩国等国颁布了与职场欺负相关的法律；一些组织也在职场欺负干预措施方面进行了技术投入和社会经济投入。其中，技术投入包括组织结构变革、工作角色的重新界定、工作的重新设计与分析等；社会经济投入包括制定明确的反欺负政策和有效的欺负投诉处理程序，强调彼此尊重与合作的价值观，开展相关教育和培训，提供咨询和员工援助服务，进行有关职场欺负氛围的调查，等等。但这些政策和措施的实际效果并不明显。其主要原因在于这些措施往往从人本主义的立场出发，仅将职场欺负看作员工个人层面的问题，强调职场欺负对受欺负者心理的影响及其治疗实践，而忽视了群体因素（如群体氛围、群体认同与情绪、社会化过程）的影响。与此同时，对职场欺负现有政策和实践干预效果的质疑，也使得人们不得不考虑管理层在处理这一问题时的立场和态度。因为在一些职场欺负事件中，管理者本身就是职场欺负行为的施加者。现有研究侧重从国家立法、组织制度规定和工作设计等"硬件"方面对职场欺负进行干预，但根源性的问题未得到解决。管理者的理念、员工共享的社会心理安全氛围以及团队的情绪基调等作为"软件"环境，制约着各项干预措施效果的发挥。正如 Hutchinson（2012）所说，职场欺负不仅是个体间行为的产物，而且是涉及群体和组织等在内的一个复杂问题，需要管理者、群体中的其他成员等第三方力量共同干预和减少职场欺负行为[①]。

1.2 研究意义

1.2.1 实践方面：促进和谐劳动关系的构建

长期以来，以较低的成本获得较高的生产力一直是各类企业组织的核心目标。为

① HUTCHINSON J. Rethinking workplace bullying as an employment relations problem[J]. Journal of Industrial Relations, 2012, 54(5): 637-652.

了实现这一目标，如前所述，各类企业组织纷纷开展了一系列的工作和职场变革。与之相伴的是，工作压力增加了管理者以施加欺负的方式转嫁压力的可能性，工作的不安全性增加了员工受欺负的风险，多元化的团队构成也为人际冲突不断升级为职场欺负行为提供了温床……受欺负员工的工作及身心健康受到了职场欺负的极大威胁。一些受欺负者虽然表面上选择隐忍，但可能会隐秘地做出一些反生产行为，也不排除个别员工会有报复行为；同时，由于情绪感染具有在人际蔓延的特性，受欺负者长期带着"爆灯级"的负面情绪工作，可能引发连锁反应，还可能导致欺负行为成为团队文化，影响工作氛围。如果企业管理层不愿介入公司内的欺负事件，选择袖手旁观，最终企业的经济利益会受损、生产力目标难以实现。

为此，本研究立足构建和谐劳动关系、实现企业和职工双赢的目标，尝试从团队层面的社会心理安全氛围和消极情绪基调出发，对组织刺激路径下职场欺负的形成机制进行探讨。管理者应该重视团队消极情绪的影响，将员工心理安全与健康视为与生产力同等重要的管理目标，通过有效的工作设计构建合理的、有利于员工身心健康的工作系统，制定与保护员工心理安全目标一致的政策、规程，并保证在组织各个层面的贯彻实施。管理者应树立一种"生产力目标与员工的心理健康同等重要"的理念，积极采取措施对职场欺负行为进行干预。

此外，鉴于团队多样化对组织的人际冲突和情绪管理能力提出的挑战，本研究从个体-团队身份差异以及团队认同的角度，分析了人际冲突升级路径下职场欺负的形成机制，强调将个体的性别和地域特征等人口背景置于团队情境中，考察个体与团队其他成员相比，基于这些人口背景特征所构建的社会身份差异对其职场欺负感知的影响，以及团队认同在其中发挥的作用，以期为组织进行团队建设、关注情绪型团队以及重视"福利"在提高员工团队认同感中的作用等管理实践提供参考。

1.2.2　理论方面：融入非功能主义范式的视角和团队层面的跨层次研究

早期关于职场欺负的研究大多着眼于实施者和受欺负者双方当事人的心理特征及受欺负者身心健康受到的影响，属于功能主义范式的研究。已有的基于这一范式的职场欺负研究主要存在以下两方面不足。一方面，目前职场欺负还未形成统一的概念，在对职场欺负现象进行研究时，大多采用操作化的定义对当事人进行客观测量，忽略了被调查者主观的认知加工过程，以及情境角度和第三方角度，从而导致大量的调查研究并不深入细致。比如，一些组织的管理者将欺负行为看作实现绩效目标的一种管理手段，而非消极行为，从而导致现有关于职场欺负的干预措施效果不佳。另一方面，对职场欺负行为产生路径的解读主要基于工作要求-资源模型的压力路径，强调工作特征因素对职场欺负行为的诱发作用，忽略了基于身份差异和团队认同的人际冲突升级路径以及基于官僚制组织结构的组织刺激路径对职场欺负同样具有诱发作用。

而在非功能主义的批判管理理论范式和后现代主义范式看来，高绩效工作系统将工作绩效置于员工身心健康之上，增加了员工的工作压力和同事之间的互相监督，进而为引发欺负行为提供了环境诱因。因此，一个认为员工身心健康与生产力同等重要的团队或组织（即社会心理安全氛围水平高的团队或组织）对于抑制职场欺负行为的作用是至关重要的。

本研究认为，任何组织不仅要关注其短期绩效目标的实现，还要关注其长期发展所要承担的社会责任，尤其是对员工的责任——为员工营造一个积极的、有利于身心健康的工作环境，通过构筑和谐的劳动关系，实现组织与员工的双赢。为此，为了对职场欺负现象有更全面的把握，本研究在功能主义范式的基础上，结合批判管理理论范式和后现代主义范式的观点和方法，分别从诱发职场欺负的人际冲突路径和组织刺激路径出发，对职场欺负的形成机制进行深度挖掘，即通过“欺负者、受欺负者和旁观者共同构筑的社会心理安全氛围和团队情绪基调”“个人与团队的身份差异和团队认同”两条逻辑主线，对团队情境下职场欺负的形成机制进行跨层次研究，以期进一步揭示职场欺负的本质，实现职场欺负跨层次研究方面的突破。

1.3 研究方法、研究思路与创新点

1.3.1 研究方法

1.3.1.1 文献分析法

文献分析是理论研究常用的方法之一，主要通过搜集相关的文献资料进行分析与归纳，进而在前人研究成果的基础上得出相关的结论。本研究运用文献分析法收集和整理了国内外有关职场欺负、社会心理安全氛围的研究资料，在分析并借鉴前人成果的基础上提出了分析框架。在此过程中，本研究主要通过中国知网、万方数据库等国内期刊网站，ABI、EBSCO、Emerald 和 JSTOR 等全文检索型数据库以及 Elesevier、Wiley、Kluwer、Springer Link 等出版社全文电子期刊库，收集了数百篇论文，并对这些文献进行了整理。

1.3.1.2 深度访谈法

Attewell 和 Rule（1991）建议先做深度访谈，再进行调查研究。因为在进行深度访谈时，可以先接近所研究问题的现象表征，搜集到重要的观点、发现现象之间的因果关联或者事情发生的理由等，但必须用较为客观的方法（如调查研究法）加以验证。Gable（1994）指出，深度访谈法可以从两方面弥补定量调查研究法的不足之处：第一，深度访谈可以对研究议题有更深入的发现，从而进一步强化或修改基于文献回顾的概念模式与研究假设；第二，深度访谈可以提高内部效度，并交叉验证由定量研究方法得出的结论。为此，本研究在理论分析的基础上，围绕职场欺负、社会心理安全氛围等变量进行了深度访谈，以构建这些变量的中国情境维度。

1.3.1.3 定量分析法

本研究进行实证研究的调查问卷采用李克特量表法进行设计。首先对调查数据进行整理，采用多元统计方法进行数据分析，具体包括统计描述、相关分析、方差分析和探索性因子分析等；其次根据理论模型和数据的特点，采用结构方程模型，利用AMOS软件，对职场欺负和社会心理安全氛围进行验证性因子分析；最后基于“群体层面研究不重视个人差异，而个体层面研究不重视情境对个人差异效果的限制”这一特点，进一步运用SPSS和HLM等软件，通过层次回归分析和跨层次分析，对团队情境下职场欺负的形成机制进行探讨。

1.3.2 研究思路与各章节安排

1.3.2.1 研究思路

在职场欺负现象出现之前，关于欺负现象的探讨最早出现在动物研究领域，并且目前以针对青少年的校园欺负研究最为常见。为了厘清与上述两个研究领域的关系，本研究首先对职场欺负的研究脉络进行梳理，并对职场欺负的内涵与特征进行阐述，然后在介绍职场欺负领域各研究范式的基础上，分析职场欺负行为产生的路径及相关的理论模型，并对已有关于职场欺负影响因素和影响结果的相关研究进行总结和评价，由此找到研究的突破口，进一步提出本研究的研究模型与假设。而为了验证通过文献分析得到的结论及本研究假设的科学性、真实性，本研究通过调查问卷收集了一手数据，并运用多种统计方法对调查问卷收集的数据进行分析，对研究结果进行分析说明，从而用量化数据说明团队情境下职场欺负的形成机制。最后，在本研究的结论部分，作者根据本次研究的结果，结合当前中国企业的实践，提出了一些可行性建议，以期为组织管理者进行管理提供参考。

本研究整体框架如图1.1所示。

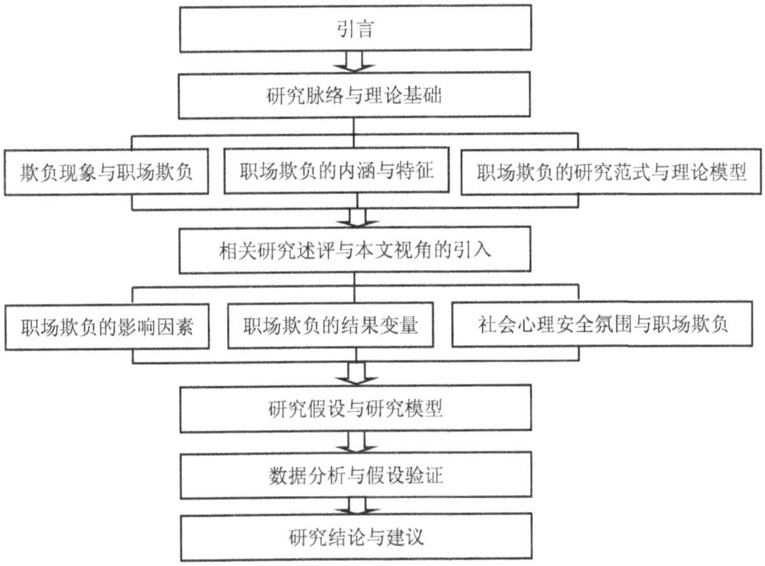

图 1.1 本研究整体框架

1.3.2.2 各章节安排

第 1 章首先从工作压力、团队人际冲突与情绪管理以及现有职场欺负干预措施的效果三个方面，阐述当前环境下，立足团队情境研究职场欺负问题的重要性，提出本研究要探讨的问题；其次从实践和理论两个层面分析本研究的意义；最后进一步介绍本研究的研究思路、研究方法以及研究的创新点。

第 2 章对职场欺负的研究脉络进行综述，分析欺负现象的缘起及其理论基础，然后进一步解读职场欺负的内涵与特征，并针对职场欺负的几种典型研究范式，分析职场欺负的产生路径与相关的理论模型。

第 3 章结合社会生态学系统的研究视角，从个体、群体、组织和社会四个层次对职场欺负事件的影响因素和影响结果展开分析，以期较为全面深入地对职场欺负行为的已有研究成果进行梳理，同时在对职场欺负的干预现状进行分析和借鉴校园欺负干预经验的基础上，提出社会心理安全氛围的概念，并分析总结了社会心理安全氛围与职场欺负的关系，为随后的实证研究设计奠定基础。

第 4 章通过问卷设计与类型检验，对研究工具进行准备。由于国内目前尚缺少较为成熟和理想的职场欺负问卷和社会心理安全氛围问卷供本研究使用，所以本研究重点采用问卷设计的规范性步骤，分别对负性行为问卷（Negative Acts Questionnaire，NAQ）和社会心理安全氛围（Psychosocial Safety Climate，PSC）量表进行修订，为后面的实证研究提供必要的测量工具。

第 5 章分别以“欺负者、受欺负者和旁观者共同构筑的社会心理安全氛围和团队情绪基调”“个人与团队的身份差异和团队认同”为两条逻辑主线，形成本研究的研究假设和模型，然后以天津市四家制造企业的一线员工和职能员工为样本，开展纸质版问卷的调查工作，并在对有效问卷进行筛选的基础上，使用 SPSS 21.0、AMOS 21.0、HLM 7.0 等工具进行数据录入和整理。

第 6 章采用频次分析、方差分析、多层次回归、跨层次回归等分析方法，根据样本数据开展假设检验，检验过程分为团队层面假设检验和个体层面假设检验两个部分。然后对假设检验的情况做理论层面的阐释，为职场欺负的深入研究奠定基础。

第 7 章根据实证研究结果提出本研究的主要结论，同时提出本研究的理论贡献，以及本研究的局限性和对未来研究的启示。

1.3.3　本研究的创新点

1.3.3.1　形成了社会心理安全氛围的中国情境量表

本研究基于中国情境，通过访谈和验证性因子分析方法，扩展了职场欺负的内涵和维度，并形成了社会心理安全氛围的中国情境量表，为进一步研究中国情境下员工的心理健康问题奠定了基础。

1.3.3.2　创造性地推进了“关系人口学”在职场欺负问题上的应用

自从 Pfeffer（1983）提出了关系人口学的概念后，西方学者多从人口背景特征的相似性或相异性（similarity or diversity）的角度来探讨组织中的人际互动与效能问题，认为组织成员之间在人口背景上同质化水平越高（或个体与组织中的其他成员的人口背景越相似）时，越能得到正向的工作绩效和态度（Riordan，2000）。本研究运用类似的逻辑，首次将关系人口学的概念运用于职场欺负的研究中，分析了团队成员基于人口背景特征的身份差异对职场欺负行为的诱发作用：在一个团队中，与其他成员在人口学特征方面差异较大（即关系型人口特征变量值较大）的个体比差异较小的个体更容易感知职场欺负。

1.3.3.3 探讨了团队情境下的职场欺负形成机制

以往关于职场欺负的相关研究大多关注个体层面的当事人双方心理特征，而忽略了团队情境对职场欺负的诱发作用。本研究以“欺负者、受欺负者和旁观者共同构筑的社会心理安全氛围和团队情绪基调”和“个人与团队的身份差异和团队认同”为两条逻辑主线，对团队情境下职场欺负的形成机制进行了探讨。

1.3.3.4 进行了研究方法上的创新

本研究综合采用了多元层次分析、结构方程模型和跨层次分析等多种研究方法，构建了研究职场欺负的跨层次分析模型，并且通过实证研究验证了该模型，使得职场欺负研究实现了跨层次的突破。

第 2 章　研究脉络与相关理论回顾

在过去的二十年里,职场欺负现象已成为一种在全世界范围内普遍存在的现象。而在职场欺负现象受到关注之前,对欺负现象的研究已经进行了很长时间。伴随着对欺负现象研究的深入,人们逐渐找到了欺负行为背后的一些理论依据,用以分析不同情境中的欺负行为。为了厘清与上述研究领域的关系,本章先对欺负现象的缘起、欺负行为的理论基础以及职场欺负研究的兴起与发展进行梳理,然后对职场欺负的内涵与特征进行阐述,并在介绍职场欺负领域各研究范式的基础上,分析职场欺负行为产生的路径及相关的理论模型,以为进一步的研究提供理论依据。

2.1　职场欺负的研究脉络

2.1.1　欺负现象的缘起与发展

对欺负现象的研究最早出现在动物研究中,有"优胜劣汰"的进化意义。比如,生活在笼子里的一群猴子以香蕉为食,但谁动香蕉谁就会被水淋。有武力威胁能力的猴子 A 发现动香蕉会被水淋,于是它让弱小的猴子 B 去拿香蕉。A 吃香蕉,B 挨淋, C、D、E 看着,于是 B 成了受欺负者,A 成了欺负实施者,C、D、E 成了旁观者。B 总挨淋,最终得了肺炎被赶出笼子。

《现代汉语词典》对"欺负"一词的解释是:用蛮横无理的手段侵犯、压迫或侮辱。欺负行为可以发生在儿童、青少年或成人的同辈群体之间,也可以发生在兄弟姐妹之间以及恋人之间(Pepler et al., 2006)。其表现形式有:校园欺负、兄弟姐妹欺负、儿童欺负、监狱欺负、职场欺负和网络欺负等。

在众多的欺负表现形式中,尤以校园欺负最为常见。校园欺负是发生在校园中的学生之间的以强凌弱现象[①]。在校园里，这种以大欺小、以强凌弱的欺负行为往往给儿童和青少年的身心健康造成较大的伤害，而且这种现象还可能会一直延续到职场。有研究指出，一些职场欺负的实施者从儿童时代就习得了欺负行为[②]。

与其他欺负的表现形式相比，网络欺负是最近几年才受到关注的一种形式。随着互联网技术的发展和社交媒体的兴起，青少年逐渐将部分社交转移到网络，网络欺负问题也随之而来。网络欺负是指个体或群体利用电子信息交流的方式，重复性地伤害难以自我保护的个体的一种敌意性的攻击行为[③]。这种形式的欺负具有与传统校园欺负不同的形式、内容和影响机制，其对青少年身心健康的影响在一定程度上大于传统欺负[④]。有研究指出，那些曾经在校园中处于弱势地位的群体，更可能成为网络世界中欺负实施者的一员，从而实现自身角色的转变[⑤]。

不论是哪种表现形式，对于欺负现象的认识，大致存在以下三种代表性的观点。

第一种观点将欺负看作基于当事人双方个体差异的一种人际消极行为。实施者通常处于强势地位，并且有强烈的控制他人的动机，如身体强壮、具有一般攻击性和操控能力、缺乏同情心；而受欺负者通常处于弱势地位，如身体瘦小、性格内向。经证实这种差异还存在一定的基因基础。

第二种观点将欺负看作一个不断发展的过程。这一观点与进化论的观点相似，认为支配和控制他人一直以来都是个体在竞争激烈的环境中得以生存的一种方式。而欺负就是实施者在个体发展的早期阶段（孩提时代）所采用的一种通过恐吓对方以加强个体社会控制力的手段。但是随着年龄的增长，欺负形式会由直接的身体接触转变为口头的、间接的形式。

第三种观点将欺负看作一种社会文化现象，认为它是由不同权力等级的社会群体造成的结果。这种权力等级的差异有着一定的历史和文化渊源，如性别、种族、社会阶层以及宗教依附等。其中性别差异是较为普遍的。在男性主导的社会中，男性一般比

---

① 高德胜. 校园欺凌: 一个有边界的概念——校园欺凌系列谈(二)[J]. 现代教学, 2017(6): 26.

② SEIGNE E, COYNE I, RANDALL P, et al. Personality traits of bullies as a contributory factor in workplace bullying: an exploratory study[J]. International Journal of Organization Theory and Behavior, 2007, 10(1): 118-132.

③ 张东. 网络欺负研究进展[J]. 心理学进展, 2017(3): 225-229.

④ 朱智佩, 刘燕, 李春波. 网络欺负研究进展[J]. 中国健康教育, 2014, 30(7): 641-644,666.

⑤ 刘蓝田, 桑青松, 舒首立. 大学生校园受欺负经历与网络欺负的关系: 同情与成人依恋的作用[C]//中国心理学会. 第二十二届全国心理学学术会议摘要集. 北京：中国心理学会, 2019.

女性拥有更大的权力,因而在欺负实施者中,男性要多于女性。

2.1.2 欺负行为的理论基础

随着对欺负现象认识的逐渐深入,人们寻找到了欺负行为背后的一些理论依据。例如, Monks 等人(2009)在对上述不同情境中欺负行为的表现形式进行比较分析后指出[①],欺负行为的理论基础主要有以下几种。

2.1.2.1 进化理论

与其他攻击行为类似,欺负行为是个体在考虑成本和收益的基础上所采取的一种适应性行为(如获取资源或保护亚群体认同),虽然这一行为对于受欺负者或更广泛的社群而言是不利的。性别选择理论在一定程度上解释了欺负行为上的性别差异。欺负可以有效地降低竞争对手的社会地位或声望,从而达到优胜劣汰的目的。这一观点揭示了欺负行为的道德问题及其互惠和公平的进化基础。

2.1.2.2 依恋理论

依恋理论强调家庭背景特征与个体卷入校园、亲缘关系或家庭中的欺负行为有关(与个体卷入职场和监狱欺负行为的关系尚未进行探讨)。该理论假设,对父母的依恋质量影响个体对关系内在运行模式(IWM)的开发,进而影响个体后续与他人的相处。缺乏安全感的依恋关系会导致个体与他人相处时表现出更多的敌意和更强的攻击性。为此,一些研究探讨了个体缺乏安全感的依恋关系与童年和成人时期卷入欺负行为之间的关系。这一理论为探讨不同年龄段欺负行为的延续性提供了依据。

2.1.2.3 社会学习理论

社会学习理论把研究重心放在了"个体如何获得并保持欺负行为"的问题上。该理论认为,个体欺负行为的对象、形式、强度和频次等内容都是个体在经验中获得的,观察、模仿和强化对于个体卷入欺负行为有重要影响。儿童通过观察获得欺负反应,通过强化保持这一行为,并通过内部的认知图式来调整欺负策略。奖励与惩罚决定了儿童对欺负行为的预期结果,当他们发现有人可以通过欺负的方式获得想要的东西,

---

① MONKS C P, SMITH P K, NAYLOR P, et al. Bullying in different contexts: commonalities, differences and the role of theory [J]. Aggression and Violent Behavior, 2009, 14(2): 146-156.

或者在特定的情况下有过利用欺负行为获得有价值回报的经历时，那么欺负行为就被他们赋予了很大的效用价值，并且在"欺负会带来好处"的预期中，那些得到了强化的儿童会逐渐产生"我有能力欺负他人"的自我效能感。当儿童有了欺负经历并不断体会欺负的结果时，他们开始感知到一种由社会规定的微妙的行为规则，并倾向于把这些规则作为行动指南。Farrington（1993）以及 Twemlow 和 Fonagy（2005）分别对家长和教师对于儿童在欺负行为的社会学习过程中所发挥的作用进行了探讨；Lewis（2006）[①] 和 Altman（2010）[②] 均认为，职场欺负本质上是后天习得的行为。

2.1.2.4　社会信息加工理论

社会信息加工理论关注个体对人际冲突的理解和反应方式，将欺负行为看作个体破坏或偏离了社会信息的加工过程，进而表现出适应不良的反应。如果某人缺乏正确处理社会暗示并做出适当反应的能力，那么他就有可能对社会信息表现出不适应或者不恰当的行为，这种不适应行为会使他受到周围人的排斥，或者使他养成一贯的攻击性。这一理论为探讨个体认知或社交技能的开发对欺负行为的影响提供了依据。

2.1.2.5　社会文化理论

社会文化理论关注情境因素而非个体差异因素对个体行为的影响，即强调组织文化，如校园、职场、家庭以及监狱等的文化对欺负行为的影响。为减少欺负行为，需要从改变整个系统而非个体的角度着手。一些研究发现，在等级森严的独裁专制型组织中，欺负行为较为盛行（比如：在工作场所（Leymann，1996[③]）；在学校（Roland 和 Galloway，2002[④]）；在监狱（Ireland，2002[⑤]））。同时，组织是否有明确详尽的反欺负规定、欺负行为是否受到隐性的奖励，这些都会影响欺负行为的发生。欺负行为很少孤立地

① LEWIS M A. Nurse bullying: organizational considerations in the maintenance and perpetration of health care bullying cultures[J]. Journal of Nursing Management, 2006, 14(1): 52-58.

② ALTMAN B A. Workplace bullying: application of Novak's (1998) learning theory and implications for training[J]. Employee Responsibilities and Rights Journal, 2010, 22(1): 21-32.

③ LEYMANN H. The content and development of mobbing at work[J]. European Journal of Work and Organizational Psychology, 1996, 5(2): 165-184.

④ ROLAND E, GALLOWAY D. Classroom influences on bullying[J]. Educational Research, 2002, 44(3): 299-312.

⑤ IRELAND J L. Official records of bullying incidents among young offenders: what can they tell us and how useful are they?[J]. Journal of Adolescence, 2002, 25(6): 669-679.

发生在两个个体之间,社会中其他成员的态度会对欺负行为产生直接或间接的作用。这一观点已被用于从学校层面对校园欺负进行干预的相关研究中,强调组织中的所有成员都应为抵制欺负行为做出相应的努力。这一理论也是本研究开展后续研究的重要理论基础。

2.1.3 职场欺负研究的兴起与发展

Brodsky(1976)、Leymann(1986)和 Kile(1990)作为职场欺负研究的先驱者,在早期的研究中发现,一些员工在没有受到明显的身体攻击的情况下,表现出一些压力反应和身体不适症状。这些员工的描述中有一个共同之处:无故受到来自上级和同事长期的、重复的消极对待。为此,一些研究者开始对这一现象给予关注,进而在近几十年围绕这一现象展开了大量的研究。

受校园欺负研究的延伸影响以及欧洲"天赋人权"思想的影响,有关成人在职场中欺负的最早研究源于北欧斯堪的纳维亚半岛。这些地区对成人在职场中的欺负问题进行研究的学术兴趣源于法律的健全和强大的公共意识,特别是瑞典和挪威,相继在 1993 年和 1994 年颁布了反欺负法规,大量关于职场欺负发生率的研究获得了政府的资助,并有工会的参与。

早期关于职场欺负的研究较多出现在有关职业安全与健康领域的文献中,以社会心理学和人权关注作为主要的研究对象,关注实施者和受欺负者双方当事人的心理特征及受欺负者身心健康受到的影响。在众多的学者中,Leymann 可以说是职场欺负研究的开创者。他曾声称,七分之一的成人自杀源于职场欺负,还强调了职场欺负的涟漪效应(对职场外的朋友和家人的影响)。挪威学者 Einarsen 和他的同事们对职场欺负问题也进行了很多开创性的研究。他们的调查样本规模很大,动辄上千人,包括白领和蓝领工人、公共和私人部门,从而使一些研究数据得到了较好的扩展。Rayner 和 Hoel 在 1997 年撰写的一篇关于职场欺负研究述评的文章中提出了五方面的未来研究方向[①]:①与其他相近行为的区别及分类结构的探讨;②开发一个涵盖受欺负者与实施者在内的模型;③数据上多采用受害人自报告的方式,缺少来自实施者或第三方的数据;④需要跨学科背景的研究;⑤需要跨文化比较研究。

① RAYNER C, HOEL H. A summary review of literature relating to workplace bullying[J]. Journal of Community and Applied Social Psychology, 1997, 7(3): 181-191.

如今，有关职场欺负的研究已从斯堪的纳维亚半岛扩展至德国、英国、法国、美国、加拿大、澳大利亚、日本、韩国乃至世界各国。伴随着有关职场欺负研究的深入，围绕上述五方面内容的研究取得了较为丰硕的成果。与此同时，由于大多数发达国家经历了重大的工作与职场变革，组织的结构趋于扁平化，许多职能和工作被外包出去，职场关系以"雇佣条件的个性化、第三方组织（如工会和法律仲裁机构）的作用减弱以及直线管理层的特权增加"为主要特征，员工的工作安全性以及在劳动关系中的话语权逐渐减弱。这些变化被看作导致员工产生与压力相关的一系列疾病的根源，它们与职场欺负之间的关系也越来越受到学者们的关注。为此，近几年来，一些欧洲、北美洲、大洋洲的学者开始从劳动关系和人力资源管理的视角进一步审视职场欺负这一现象，将整个组织看作职场欺负的实施者，关注非人际的欺负，并从社会学层面来解释这一现象，强调工作环境、组织文化和社会化过程对欺负的影响。

相比之下，我国对于职场欺负的研究还处于起步阶段，目前的研究主要是结合国外的研究现状，对职场欺负的内容结构、受欺负者的个体特征、组织特征以及职场欺负的结果变量等相关内容进行中国文化背景下的实证研究，为职场欺负的跨文化研究提供有益的补充。

2.2 职场欺负的内涵与特征

纵观已有研究中对于职场欺负概念的界定和测量，我们可以发现，早期学者对于职场欺负的概念界定主要侧重于将职场欺负作为一种人际敌意行为，考察这一行为的发生频率，并从当事人双方（欺负实施者和受欺负者）的角度分析了这一行为产生的原因及其对个体和组织造成的危害。近年来，国外一些学者呼吁，鉴于职场欺负具有持续且重复发生、建立在权力不均衡性的基础之上等特征，它的影响范围不仅涉及双方当事人，而且会波及群体或组织内的其他成员（如欺负的旁观者等），应将职场欺负看作一种情境氛围，从群体共识的角度对其进行测量，并考察群体乃至组织欺负氛围对群体和组织成员的影响。此外，在一些强调高绩效工作系统的组织中，管理者为了使员工达成组织设定的绩效目标，往往将欺负行为看作一种管理手段，而非消极行为。

因此，在对职场欺负开展深入研究之前，有必要先对职场欺负的内涵与特征进行界定。

2.2.1 职场欺负的概念

目前，职场欺负并未形成统一的概念，国内外学者大多对职场欺负进行了操作化定义。例如，Einarsen(2000)将职场欺负定义为，向一个或多个员工实施的重复且故意的负性行为(如贬低某人的工作价值，戏弄、嘲讽或孤立、排斥某人)，并影响了受害人的身心健康和工作绩效[①]；Salin(2003)认为，职场欺负是对一个或多个人实施的重复且持续的消极行为，包括可感知的权力不均衡和敌对的工作氛围[②]；Lutgen-Sandvik(2006)指出，职场欺负是一种持续的、口头或非口头的发生在工作场所的攻击行为，包括人身攻击、社会隔离和大量的其他痛苦信息和敌意互动[③]。而 Skogstad 等人(2011)则将职场欺负看作一种情境，在这种情境中，员工在职场中受到重复的、持续较长时间的消极行为困扰，但他(她)却很难对这些消极行为进行反抗[④]。国内学者秦弋(2008)也认为，职场欺负是一种个体长期忍受难于反抗的、负性行为的情境，这些行为来源于一个人或几个人[⑤]；李永鑫等人(2011)指出，职场欺负是员工持续且重复遭受的难以反抗的负性行为，这些负性行为来自一人或多人[⑥]；陈伟娜(2011)将职场欺负界定为，在工作环境中，由一个人或几个人在相当长的时期，再三对他人实施的有意的伤害行为，以使其遭受身体或心理伤害，而被欺负者难以反抗或摆脱这种消极情境[⑦]。

Saunders、Huynh 和 Goodman-Delahunty(2007)在对比了研究学者、实务界人士和法律界人士对于职场欺负的概念界定后，指出：研究学者对于职场欺负的概念界定较

---

① EINARSEN S. Harassment and bullying at work: a review of the Scandinavian approach[J]. Aggression and Violent Behavior, 2000, 5(4): 379-401.

② SALIN D. Ways of explaining workplace bullying: a review of enabling, motivating, and precipitating structures and processes in the work environment[J]. Human Relations, 2003, 56(10): 1213-1232.

③ LUTGEN-SANDVIK P. Take this job and ...: quitting and other forms of resistance to workplace bullying[J]. Communication Monographs, 2006, 73(4): 406-433.

④ SKOGSTAD A, TORSHEIMT T, EINARSEN S, et al.Testing the work environment hypothesis of bullying on a group level of analysis: psychosocial factors as precursors of observed workplace bullying[J]. Applied Psychology, 2011,60(3): 475-495.

⑤ 秦弋. 工作场所中欺负问题的研究现状[J]. 心理科学进展, 2008(2): 335-339.

⑥ 李永鑫, 聂光辉, 李艺敏,等. 工作场所欺负的内容结构与测量[J]. 心理科学, 2011, 34(5): 1201-1208.

⑦ 陈伟娜. 企业员工职场欺负内容结构及相关研究[D]. 广州：暨南大学, 2011.

为详细具体，通常从"行为对受欺负者的消极影响""行为发生的频率""行为的持续性"以及"当事人双方的权力不均衡性"这四个方面对职场欺负加以界定。实务界人士、工会组织和私营组织给予了职场欺负的概念更为广泛的界定，强调行为的类型及对受欺负者的影响。例如：来自英国工会的人士认为，职场欺负是持续的冒犯、辱虐、恐吓和侮辱行为，通过权力滥用或不公正的人事决策，使受欺负者感到不安、恐惧和屈辱，并影响了其自信，令其感到压力（Amicus-MSF，1994）；作为支持受欺负者、唤醒人们重视职场欺负的一个公益组织，安德里亚·亚当斯信任基金将职场欺负的概念界定为，处于权力优势地位的人冒犯、羞辱、贬损受欺负者，使受欺负者感到焦虑以致逐渐丧失自信，遭受身心重创的行为。法律界人士对职场欺负的界定与研究学者们的界定接近，一般关注行为的持续性、发生频率及对受欺负者的危害。例如，瑞典于 1994 年在世界上率先实施的第一部反欺负法案中，对职场欺负的界定为，周期性发生的、应受到谴责的消极行为，以冒犯的方式直接指向受害人，使受害人被排斥在职场社区之外。

事实上，目前对职场欺负的概念界定不仅存在界定者的差异，还存在界定角度的差异。有些组织（如实施军事化管理、要求团队协作、提供应急服务、具有高压工作环境、工作时间不固定、需要特殊技能等），可能需要通过欺负，尤其是口头的辱骂行为，来塑造员工的坚韧性、提高群体凝聚力，进而使员工达成组织设定的绩效目标。从这一角度来看，欺负行为被看作一种管理手段，而非消极行为（Alexander et al.，2012）。腾驹达猎头机构创始人景素奇在接受《中外管理》杂志记者任慧媛（2019）专访时也提到企业制度、企业文化和领导者的管理风格这三方面决定了企业管理的特色，由此出现的严格管理都是正常的，不叫职场霸凌[①]。

本研究认为，任何组织不仅要关注其短期绩效目标的实现，还要关注其长期发展所需承担的社会责任，尤其是对员工的责任——为员工营造一个积极的、有利于身心健康的工作环境。为此，组织对于职场欺负行为应采取积极干预的措施，防微杜渐，避免该行为产生的"升级效应"和"涟漪效应"。

2.2.2　职场欺负的内容结构及其测量

已有研究中，研究者大多采用自行编制或改编的行为量表对职场欺负行为的内容结构进行测量（如表 2.1 所示）。常用的行为量表有：Leymann 等人（1990）编制的心

① 任慧媛. 韩国实施《职场霸凌禁止法》中国职场霸凌如何解? [J]. 中外管理, 2019(9): 75-77.

理恐惧量表（Leymann Inventory of Psychological Terror，LIPT）；Einarsen 和 Raknes（1997）编制的负性行为问卷[①]（Negative Acts Questionnaire，NAQ）及其修订版[②]（Negative Acts Questionnaire Revised，NAQ-R）；Fox 和 Stallworth（2005）编制的职场欺负量表[③]（Workplace Bullying-Checklist，WB-C）。国内学者在现有的研究中，大多通过中文版 NAQ 或自行研制的问卷对职场欺负的内容结构进行测量。

其中，李永鑫等人（2011）以 436 名中国企业员工为被试对象，提炼出企业员工职场欺负的三个因子，即人身攻击、工作压制和社会排斥；陈伟娜（2011）通过因素分析法，将职场欺负提炼为两个因子：人际欺负（主要的欺负行为包括戏弄、人际孤立、身体伤害、侵犯隐私、算计）和工作欺负（主要的欺负行为包括总是让某人承担费力不讨好的工作、奖金分配不公平、无条件延长劳动时间、不付给加班费、不肯定工作成绩）。

表 2.1　国内外学者对职场欺负内容结构的分类

学者	使用的量表	职场欺负的内容结构
Leymann 等人（1990）	LIPT	五个维度：消极交流（negative communication）、羞辱行为（humiliating behavior）、孤立行为（isolating behavior）、任务攻击（frequent changes of task to punish someone）和暴力威胁（threat of violence）
Zapf 等人（1996）	修订后的 LIPT	七个维度：利用组织措施进行攻击（attacks with orgnizational measures）、社会孤立（social isolation）、侵犯私人生活（tacking private life）、身体暴力（physical violence）、攻击性态度（attacking attitudes）、言语攻击（verbal aggression）和传播谣言（rummors）
Einarsen 和 Raknes（1997）	NAQ	五个维度：个人损毁（personal derogation）、工作骚扰（work-relate harassment）、社会排斥（social exclusion）、社会控制（social control）和身体辱虐（physical abuse）
Hoel，Cooper 和 Faragher（2001）	NAQ-R（29 个题目）	两个维度：人际欺负（personal bullying）、工作相关的欺负（work-related bullying）
Jiménez 等人（2007）	西班牙版 NAQ-R	两个维度：工作相关的欺负（work-related bullying）、对隐私和个人生活的攻击（attacks on private and personal life）

① EINARSEN S, RAKNES B I. Harassment in the workplace and the victimization of men[J]. Violence and Victims, 1997, 12(3): 247-263.

② EINARSEN S, HOEL H, NOTELAERS G. Measuring exposure to bullying and harassment at work: validity, factor structure and psychometric properties of the Negative Acts Questionnaire-Revised[J]. Work and Stress, 2009, 23(1): 24-44.

③ FOX S, STALLWORTH L E. Racial/ethnic bullying: exploring links between bullying and racism in the US workplace[J]. Journal of Vocational Behavior, 2005, 66(3): 438-456.

续表

学者	使用的量表	职场欺负的内容结构
Einarsen 等人（2009）	NAQ-R（22 个题目）	三个维度：人际欺负（personal bullying）、工作相关的欺负（work-related bullying）和人身威胁（physical intimidating forms of bullying）
Fox 和 Stallworth（2005）	WB-C	六个维度：威胁与恐吓（threatening or intimidating）、贬损（demeaning behavior）、孤立（isolation）、工作破坏（work sabotage）、损坏名誉（harm to reputation）和不当督导（abusive supervision）
刘骏飞（2010）	NAQ	六个维度：人身攻击、暴力攻击、工作欺凌、社会控制、性骚扰和社会排斥
荀洪景，刘化侠，田芝丽（2012）	中文版 NAQ-R	三个维度：个人相关的欺负、工作相关的欺负和组织不公
李永鑫等（2011）	自编问卷	三个维度：人身攻击、工作压制和社会排斥
陈伟娜（2011）	自编问卷	两个维度：人际欺负和工作欺负

资料来源：作者整理编制。

2.2.3 职场欺负的特征

要想将职场欺负行为同其他消极的组织行为区别开，需要进一步把握职场欺负的主要特点。Leymann（1990）认为欺负行为本身不会对受害者产生影响，真正对受害者产生危害的是下列几方面：欺负行为发生的频率、发生的情境，受害者和欺负者之间的不平等，受害者难以反抗，受害者对欺负行为的归因。与之相似，Rayner 和 Keashly（2005）提出，职场欺负行为应具有以下五方面的特点：①受欺负者体验到消极的行为；②这种消极的行为体验是持续的；③受欺负者感到身体或心理受到了伤害；④受欺负者感知到自己与实施者相比，属于权力弱势方，因而很难保护自己；⑤受欺负者将自己“标签”为受欺负者[①]。Saunders、Huynh 和 Goodman-Delahunty（2007）进一步指出，在上述五方面特征中，普通大众对职场欺负行为的界定与学者的界定在两个方面（受欺负者体验到消极的行为和受欺负者感到身体或心里受到了伤害）是相同的，但并未突出强调另外三个方面[②]。而在学者界定之外，普通大众强调了行为实施者的意图以及对职场道德规范（公平和尊重）的破坏。这也在一定程度上说明了为什么在一些研究

① RAYNER C, KEASHLY L. Bullying at work: a perspective from Britain and North America[C]// FOX S，SPECTOR P E. Counterproductive work behavior: investigations of actors and targets. Washington D C: American Psychological Association, 2005: 271-296.

② SAUNDERS P, HUYNH A, GOODMAN-DELAHUNTY J. Defining workplace bullying behaviour professional lay definitions of workplace bullying[J]. International Journal of Law and Psychiatry, 2007, 30(4-5): 340-354.

中，人们处于职场欺负环境中，却未把自己归类于受欺负者。本研究认为职场欺负与其他消极行为相比，具有以下几个方面的特征。

（1）在发生频率方面。欺负行为与不礼貌行为、暴力行为的区别在于，欺负行为是持续较长时间的（如六个月以上）、重复发生的（如至少一周一次），因此一次孤立的人际冲突事件不能称为职场欺负。

（2）在危害程度方面。Namie（2003）指出，攻击行为按照强度由小到大，可分为1~10不同强度等级的行为类型[①]。其中，1~3强度等级的攻击行为可称为不礼貌行为，4~9强度等级的、干扰了组织合法利益实现的行为属于欺负行为，而强度等级最大的攻击行为（如杀人等暴力行为）则会使工作被迫停止。由此可见，职场欺负对组织成员身心健康和组织效能的危害程度介于职场不礼貌行为和职场暴力行为之间。

（3）在行为指向性方面。与其他反生产行为、工作场所偏差行为相比，职场欺负主要是人际的一种敌对行为，实施者主要针对组织中的其他成员，很少直接指向组织。

（4）在权力的不均衡性方面。受欺负者通常难以反抗实施者的欺负行为，双方存在权力的不均衡性。这种“权力的不均衡性”不仅来自组织等级结构中正式的权力距离（上级对下级），还可能来自其他的个体、情境和社会特征，如专业知识、信息和人脉资源等个人获得非正式资源的权力。因此，同事之间也存在权力的不均衡，甚至在一些情况下，下属（尤其是以群体的形式）可能激发足够的权力不均衡来欺负上级。这样不仅产生了来自组织垂直结构中自上而下的欺负，还存在水平结构中同事间的欺负，甚至是自下而上的欺负。

2.3 职场欺负的研究范式

研究范式通常由本体论、认识论和方法论三个方面构成。每一种研究范式都有其特有的一套研究假设和观点。不同的研究范式代表着不同的世界观和对人类本质的不同假设（Burrell & Morgan，1979）。因此，对于同一个问题或现象的把握，如果能从不同范式的角度加以研究，就可以在一定程度上避免知识的局限性和观点上的偏误。

① NAMIE G. Workplace bullying: escalated incivility[J]. Ivey Business Journal, 2003, 68(2): 1-6.

目前，职场欺负的主流研究范式是功能主义范式，关注用定量和定性结合的方法对职场欺负的发生频率、影响因素和影响结果进行测量。但是如前所述，目前对于职场欺负的概念还未形成统一的界定，在对职场欺负现象进行研究时，大多采用操作化的定义对当事人进行客观测量，忽略了被调查者主观的认知加工过程，以及情境角度和第三方角度，从而导致大量的调查研究并不深入细致(Tracy et al, 2006)。而了解其他范式的研究思路和方法有助于扩展研究思路，对职场欺负现象进行更全面的把握。

Samnani(2012)在 Burrell 和 Morgan(1979)提出的用于组织分析的三个经典范式模型的基础上，融入了后现代主义范式，将职场欺负的研究范式归纳总结为四种(功能主义范式、解释主义范式、批判管理理论范式和后现代主义范式)，并从本体论、认识论和方法论的角度丰富了已有职场欺负的研究思路(如表 2.2 所示)①。

表 2.2　职场欺负研究范式的比较

比较项目	功能主义	解释主义	批评管理理论	后现代主义
核心概念	人格、人口学特征、领导风格	解释、经验、感官	权力、统治	权力、控制
理论解释	受害人催化理论	符合互动理论	韦伯的官僚制组织结构理论	福柯的权力理论
研究方法	定量与定性相结合	定性研究	定性研究	定性研究
实践应用	招聘、社会化、培训	道德议题的充分描述	管理中围绕权力的道德议题	对各种真理的理解、道德议题

2.3.1　功能主义范式

这一范式强调从客观视角了解和解释社会事件的秩序和规律。具体而言，功能主义范式采用实证主义认识论，认为知识是能够获得和被发现的。因此，实证研究往往设法通过发现变量间存在的规律和因果关系来解释客观事件。现有关于职场欺负的研究大多采用的是这一研究范式。其特点有：对于职场欺负前因变量的研究关注个体角度，变量包括受欺负者的个性、人口学变量特征以及放任型领导风格等内容；对职场

① SAMNANI A. Embracing new directions in workplace bullying research: a paradigmatic approach [J]. Journal of Management Inquiry, 2013, 22(1): 26-36.

欺负的理论解释包括受害人推动理论 [①](Aquino & Thau, 2009)、社会交换理论 [②](Diehl 和 Salin，2010)、社会学习理论(Parzefall & Salin，2010)和社会认同理论 [③](Ramsay, Troth & Branch，2011)。在这些理论中，受害人推动理论是解释有关职场欺负前因变量的一个重要理论。根据受害人推动理论，员工的某些个体特征将激起(或推动)欺负实施者对其实施欺负(Aquino & Thau, 2009；Tepper 等, 2006[④])。因此，这一理论主要识别那些可以衡量的、可能使个体遭受欺负的个人特征因素，其视角是典型的功能主义范式视角。

此外，功能主义范式使用各种定量和定性方法对研究问题进行调查，且以定量方法居多。根据这一范式，可以通过测量受欺负者的个性和人口学变量特征来了解为何会产生职场欺负行为，还可以通过因果关系和规律来解释欺负事件。功能主义的研究方法在以下两个方面是确定的。一方面，一个变量(如个性)引起另一个变量(职场欺负)的发生，且这两个变量都可以被客观测量。当研究者设法验证受害人推动理论时，他们主要测量在特定的员工个性和职场欺负之间是否存在一定的关系。另一方面，职场欺负行为是可以被测量的。常用的测量方法有自我标签法(例如：Fox 和 Stallworth，2005；Lutgen-Sandvik 等，2007[⑤])和行为量表法(例如：Baillien 等，2009[⑥]；Strandmark 和 Hallberg，2007[⑦])。还有定性研究方法，如访谈法和民族志法。总之，预测本质和对因果关系进行分析是功能主义范式研究方法的主要标志。功能主义注重的是为职场中存在的问题提供解决方案。因而该范式认为，站在管理者的角度，招聘、社会化和培

---

① AQUINO K, THAU S. Workplace victimization: aggression from the target's perspective[J]. Annual Review of Psychology, 2009, 60: 717-741.

② DIEHL M，SALIN D M. Perceptions of and reactions to workplace bullying: a social exchange perspective[J]. Human Relations, 2010, 63(6): 761-780.

③ RAMSAY S, TROTH A, BRANCH S. Workplace bullying: a group processes framework[J]. Journal of Occupational and Organizational Psychology, 2011, 84(4): 799-816.

④ TEPPER B J, DUFFY M K, HENLE C A, et al. Procedural injustice, victim precipitation, and abusive supervision[J]. Personnel Psychology, 2006, 59(1): 101-123.

⑤ LUTGEN-SANDVIK P, TRACY S J, ALBERTS J K. Burned by bullying in the American workplace: prevalence, perception, degree and impact[J]. Journal of Management Studies, 2007, 44(6): 837-862.

⑥ BAILLIEN E, NEYENS I, WITTE H，et al. A qualitative study on the development of workplace bullying: towards a three way model[J]. Journal of Community & Applied Social Psychology, 2009, 19(1): 1-16.

⑦ STRANDMARK M K, HALLBERG L R. The origin of workplace bullying: experiences from the perspective of bully victims in the public service sector[J]. Journal of Nursing Management, 2007, 15(3): 332-341.

训是职场欺负问题的主要解决方案（Fox & Stallworth，2005）。

尽管大量研究关注个体和人际因素对于职场欺负的影响，但现有研究忽略了群体和组织因素的诱导，也忽略了当实施者是上级、同事或组织外的客户时，个体因素对职场欺负的影响是否会不同，以及当考虑到并控制了组织层面的心理风险后，个体特征对于职场欺负是否有预测作用（Leka，Cox & Zwetsloot，2008①）。

2.3.2　非功能主义范式

非功能主义范式认为应设法了解并服务于个体（如受欺负者）的兴趣而非研究机构和专家的兴趣（McCarthy， 2003）。在对职场欺负行为进行研究时，以解释主义范式、批判管理理论范式和后现代主义范式为代表的非功能主义范式，使用不同的方法论和分析工具，在现有研究的基础上，扩展了新的研究问题、拓宽了后续研究路径。其中，解释主义范式丰富刻画了欺负者和受欺负者双方是如何对职场欺负赋予意义的，这样就可以通过整合员工观点的方式收集关于职场欺负的不同反馈意见；而批判管理理论范式则是识别去人性化的、冷淡的职场关系如何诱发职场欺负行为，将职场欺负看作社会权力关系的反映；后现代主义范式关注权力、控制和监视，将职场欺负看作组织实施控制的一种形式。

2.3.2.1　解释主义范式

与功能主义范式不同，解释主义范式基于主观方法对某个问题或现象开展研究。解释主义范式有多种类型，共同关注要素（shared common elements）是其中较为主要的一种。解释主义范式强调从个人（实施者和受欺负者）体验和意义建构的角度了解社会，而不是测量特定的结构维度。因此，其关注的焦点在于参与者及其对事件的深入体会。如前所述，功能主义主要对职场欺负的概念进行界定，然后使用一定的量表测量个体是否受到欺负，进而通过测量特定的欺负内容结构维度来识别因果关系，而解释主义范式对欺负的研究更为主观，允许参与者对他们的经历进行宽泛的描述，并通过这些信息来了解欺负事件发生的背景和当时的情境以及受欺负者对其经历赋予意义的过程，从而进一步了解受欺负者是如何对他们的经历进行合理化的。

---

① LEKA S, COX T, ZWETSLOOT G. The European framework for psychosocial risk management (PRIMA-EF)[D]. Nottingham：University of Nottingham, 2008.

在解释主义的众多理论框架中，符号互动论为研究职场欺负的经历提供了重要的依据。符号互动论的关注个体通过符号互动赋予事件意义的过程，个体往往通过符号互动对他人行为进行解释和界定。因此，符号互动论可以帮助人们了解受欺负者如何解释和界定实施者的欺负行为，以及在欺负行为的持续过程中，这种解释的演进过程。相应地，符号互动也有助于了解实施者如何解释和界定受欺负者的行为，进而对其欺负行为进行合理化。

解释主义范式为了获得个人对事物赋予意义的过程，常采用定量研究的方法（如访谈法和叙事法），为研究对象充分提供描述他们经历的发言机会。与研究对象亲密接触的民族志的方法也是解释主义范式研究者常用的方法。通过这些方法，研究者可以了解受欺负者的经历以及他们通过符号互动对其经历赋予意义的过程。因此，解释主义范式的焦点在于描述问题而不是解决问题。例如，Tracy 等人（2006）的研究关注个体受职场欺负后遭受的情感痛苦，使用深度访谈法和焦点群体访谈法，允许研究对象将他们的情感痛苦表达出来，并描述他们如何看待自己和欺负实施者①。例如，研究对象使用画像和比喻的方式，将自己描述为奴隶、犯人和动物，而将欺负行为的实施者描述为两面派演员、魔鬼的化身等。通过使用比喻把自己的经历赋予意义，使研究者进一步了解研究对象在遭受欺负后的真实感受。比喻的使用是一种强有力的研究工具（Cornelissen 等，2008），融入了心理成分的分析，使研究者更深入地了解受欺负者是如何解释其经历的。

解释主义范式的实践价值在于，对职场欺负事件发生的背景和情境内容提供了深入的剖析（一些自然的互动过程可能会潜在地演变为职场欺负），对职场欺负的丰富描绘有助于管理者修正那些可能导致职场欺负的潜在问题。比喻的方法有助于受欺负者刻画其痛苦的经历。此外，基于 Weick（2012）对实施者和受欺负者双方意义构建过程的研究②，今后可以进一步探讨双方各自对职场欺负的意义构建以及合理化过程。

2.3.2.2 批判管理理论范式

与前两种范式的不同之处在于，批判管理理论范式侧重对现状的质疑和挑战

① TRACY S J, LUTGEN-SANDVIK P, ALBERTS J K. Nightmares, demons, and slaves: exploring the painful metaphors of workplace bullying[J]. Management Communication Quarterly, 2006, 20(2): 148-185.

② WEICK K E. Organized sensemaking: a commentary on processes of interpretive work[J] Human Relations, 2012, 65(1): 141-153.

(Brand，2009),考察员工如何受控于特定的思维和互动方式并设法使员工通过识别真实的自我的方式摆脱这一束缚。

批判管理理论的观点主要围绕“权力”这一概念。与已有的职场欺负研究广泛涉及欺负实施者和受欺负者的权力不均衡性不同,批判管理理论主要侧重于更广泛的制度性权力问题(issues of power within institutions)。这一范式主要从系统和结构的角度开展研究。根据安东尼奥·葛兰西(Antonio Gramsci)给出的有关“权力”的概念,职场欺负源于意识形态的霸权主义(ideological hegemony)。这意味着个体所采纳的信念体系是由规则制定阶层构建的,秩序、权威和纪律是必要的。在这一信念体系下,个体将减少对欺负的反抗行为,接受实施者的权力地位(即服从权威、逆来顺受)。在这一背景下,辱虐式管理被看作维护秩序、权威和纪律的需要,在社会大众和受欺负者看来是正常的情境。

韦伯的官僚制组织结构理论支持上述范式。这一理论强调组织中去人性化的、理性冷淡的人际关系(关心生产而不关心人)。当组织中这一关系盛行时,员工往往很少顾及同事或下属的感受。这一理论将职场欺负看作更广泛的社会结构和权力关系的反应。研究者致力了解更广泛的社会结构因素是如何影响组织内的欺负发生的。尤其当更广泛的社会结构和权力关系不能反映职场中的结构和权力关系时,来自劣势群体的同事可能会在组织内遭受欺负。

与解释主义范式类似,批判管理理论范式设法通过直接参与双方的框架来了解组织现象。因而,研究者大量采用定性方法开展研究(如访谈法、叙事法和民族志的方法),以了解受欺负者通过何种方式意识到受控于组织。话语分析的方法同样被用来揭示职场欺负正常化的过程。话语分析是批判管理理论和后现代主义常用的分析方法。Liefooghe 和 Davey(2001)在运用批判管理理论范式对职场欺负行为开展的研究中,采用定性方法来了解权力问题和管理层的话语权[①]。研究发现,员工常把欺负归因于组织,将组织整体作为欺负实施者而不是某一个体。根据组织实施的绩效考核和奖惩机制,管理者经常因为未达到既定绩效目标而受到惩罚,成为组织绩效不佳的“替罪羊”。未达到绩效标准就会受到处罚,这一事实使员工感到遭受了组织欺负。为此,他们声称,组织对员工实施权力和控制的过程,尽管没有采取具体的方式,却是一种对员

① LIEFOOGHE A, DAVEY K M. Accounts of workplace bullying: the role of the organization[J]. European Journal of Work & Organizational Psychology, 2001, 10(4): 375-392.

工的欺负。

批判管理理论范式的实践价值在于，一个符合伦理的、公正的组织对于抑制职场欺负的发生所起的作用是至关重要的。为此，员工援助计划将影响他们的身心健康和满意度。对绩效标准的苛刻监督和惩罚威胁等将导致人际欺负的发生。或许功能主义对“绩效的达成会导致欺负”的观点存在异议，但需要考虑伦理道德问题。批判管理理论范式从伦理道德角度对管理实践的本质提出了质疑，并强调对职场欺负的研究需要考察组织结构和权力关系对职场欺负的诱导作用以及受欺负者对这一作用如何应对。同时，研究者还可以调查员工在组织外的社会阶级中扮演的角色，以了解为何职场欺负有时反映了阶级矛盾。

2.3.2.3 后现代主义范式

在后现代主义范式看来，职场欺负是个体对所遭受的某种形式的虐待行为赋予意义和进行表达的一种信号，而且这一行为不同于暴力行为、攻击行为、性骚扰等。给这些行为贴上“欺负”的标签是为了调动受欺负者积极识别这些消极行为，并最终采用有效的补救措施。这一范式认为，控制和惩处机制也是导致职场欺负的重要线索，是对人际冲突导致职场欺负的观点的有益补充。

尽管和批判管理理论范式一样，后现代主义范式也关注对管理的批判，但是它更倾向于对外显的组织控制途径的研究。功能主义范式所推崇的、让员工和管理者均受益的高绩效工作系统，在后现代主义范式看来却是工作激化（work intensification）的温床。因为高工作绩效系统强化了对员工努力的控制，将高工作绩效置于员工身心健康和工作-家庭平衡之上，由此增加了员工的工作压力和促进了同事之间的监督，进而为引发欺负行为提供了环境诱因。此外，管理实践通过简单的权力运用就可产生顺从组织的行为。为此，后现代主义范式将诸如会计、绩效管理和操作手册等管理手段作为加强组织内权力关系的主要方式。

Fovcault（1977）的权力理论支持了上述范式的观点[①]。该理论认为，个体时刻受到权力的监管。在职场中，员工的行为和工作总是受到管理者的监视，而这正是职场欺负的一种表现形式。

后现代主义范式也强调使用定性方法对组织现象进行研究。反对客观的、唯一的

① FOVCAULT M. Discipline and punish: the birth of prison[M]. Harmondsworth, UK: Penguin, 1977.

事实这一立场使他们对实证研究方法提出质疑，从而采用访谈和内容分析技术进行话语分析（Brand，2009），来对职场欺负问题进行剖析。

后现代主义范式的实践价值在于，与批判管理理论范式相同，后现代主义范式强调让员工从严苛的组织控制中解放出来，而非强调工作绩效。对管理者的启示是组织控制会导致员工之间关系的疏离。例如，对于学者们曾一度困惑的职场欺负为何在护士职业中较为普遍这一问题，后现代主义范式对此的解释是公共部门医疗体系的机构改革加强了官僚主义，进而加大了管理控制的力度。而管理控制力度的增加、严密的监管和惩处手段，使得有经验的高级护士通过职场欺负来强化规则和权力。尽管采用后现代主义范式对职场欺负进行研究的成果不多，但其今后研究的侧重点可放在探讨各种控制机制是怎样为职场欺负提供环境诱因的，权力关系又是如何通过职场欺负加强的。

由此可见，后三种范式作为非功能主义范式，反对对职场欺负进行严格的操作化界定，主张让研究对象更自由地分享他们的经历以更深入、全面地了解职场欺负的作用机制。为此，非功能主义范式在解释、权力和控制方面是对现有功能主义范式的有益补充。不同范式对于职场欺负的原因进行了不同角度的分析，既可以解释人际冲突也可以解释来自权力和控制的更深层次的原因。每一种范式都在各自的哲学假设下，对研究结果进行了解释。通过官僚机制和更广泛的社会结构所产生的权力和统治、通过话语和权力关系的加强所产生的控制，有助于更好地理解个体如何对职场欺负行为赋予意义。

2.4　职场欺负的产生路径与理论模型

早期研究职场欺负的斯堪的纳维亚半岛的学者们大多将职场欺负作为冲突升级的结果之一（Hauge，Skogstad & Einarsen，2007），认为职场欺负与敌意的职场人际关系有关。德国和北美国家的一些学者们则更多地把职场欺负看作攻击行为或反生产行为中的一种形式，认为职场欺负是众多职场压力中最具摧毁性的一种“社会心理危害”，强调挫折、压力和不公正是职场欺负行为的导火线。

事实上,这两种解释的差异源自不同文化对于"压力"的理解:斯堪的纳维亚半岛的学者关注压力现象的生理学特点;而德国等国家的学者则关注压力的社会源特点。Leymann(1996)将上述两种解释进行了融合,认为不良的职场社会心理环境导致个体的生理压力反应,进而产生挫折感,受挫的个体相互指责,人际关系恶化,形成彼此的社会压力源,最终引发职场欺负。此外,Einarsen(1999)进一步区分了两种不同类型的职场欺负[①]:争议相关的欺负(dispute-related bullying)和掠夺式欺负(predatory bullying)。前者将欺负看作人际冲突升级的结果,后者则将欺负看作转移挫折感和压力感的一种方式。Baillien 等人(2009)在此基础上,通过访谈研究指出,除压力和冲突外,组织特征所产生的刺激是诱发职场欺负的另一途径[②]。因此,本研究在对现有研究进行梳理的基础上,运用相关理论,将职场欺负的产生路径归纳为工作压力、人际冲突升级以及组织(团队)刺激三个方面,并对每一条路径下的一些常见的用于解释职场欺负工作环境因素的理论模型进行了梳理。

2.4.1 工作压力路径及相关理论模型

对于欺负实施者而言,根据挫折-攻击理论,个体在感知到工作压力(或挫折)后,如果无法采取积极有效的自我调节方式来应对,往往会通过将压力(或挫折)转嫁到其他人身上的方式(如寻找替罪羊)来缓解压力。因为通过投射,个体的紧张感和挫折感会降低。

对于受欺负对象而言,根据社会互动理论,个体面对工作压力时,可能会采取违反与工作相关的社会规范的方式(如逃避工作责任)使自己尽量远离压力源,但这反而会使自己受到同事或组织中其他成员的消极对待。也就是说,以违反规范的方式来逃避工作压力的个体可能成为受欺负者。

压力路径下已有许多理论框架用于解释职场欺负行为在何时、如何以及为什么会发生。这些研究大多依据 Karasek 的工作要求-控制模型(job demand control model)以及 Bakker 和 Demerouti 的工作要求-资源模型(job demand-resource model)对职场欺负的作用机制展开探讨。

---

① EINARSEN S. The nature and causes of bullying at work[J]. International Journal of Manpower, 1999, 20(1/2): 16-27.

② BAILLIEN E, NEYENS I, WITTE H D, et al. Towards a three way model of workplace bullying: a qualitative study[J]. Journal of Community & Applied Social Psychology, 2009, 19(1): 1-16.

2.4.1.1　工作要求-控制模型（job demand control model）

Karasek（1979）认为，工作的两个基本特质，即“工作要求”和“工作控制”，共同影响形成了工作压力 ①。工作要求是指工作负荷和工作中的角色冲突，工作控制是指员工对工作控制的程度。随着研究的深入，该理论后又增加了“社会支持”这一影响因素，并演化为“工作需求-工作控制-社会支持”（JDCS）模型，认为社会支持也会影响工作压力的后果（Johnson & Hall，1988）。

工作要求-控制模型如图 2.1 所示。

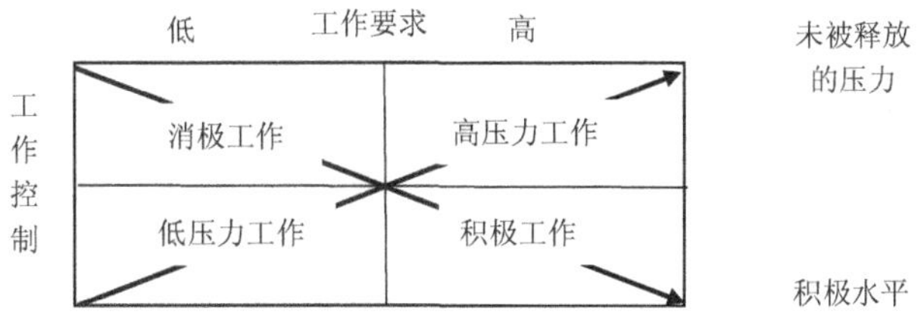

图 2.1　工作要求-控制模型

2.4.1.2　工作要求-资源模型（Job Demand-Resource Model）

Bakker 和 Demerouti（2007）的工作要求-资源模型（图 2.2）进一步指出，工作压力是工作要求和工作资源共同作用形成的 ②。其中，工作要求是不得不做的，涉及工作的身体、精神、情绪等层面的要求，需要持续的身体和心理付出；工作资源涉及工作的自主权、支持感和反馈等，能够帮助减少工作要求及相应的身心成本，并激励个人的成长与学习。

这一模型通过两个不同的心理过程将员工的身心健康问题与积极的工作行为（如工作投入）相联系：一是健康侵蚀过程，长期应对工作要求所付出的努力导致员工超负荷工作，难以保持活力，进而引发消极反应（如职场欺负）及长期的心理损伤；二是动机过程，足够的资源（或控制力）可以激发员工内在和外在的工作投入动机，进而产生积极的组织结果（如绩效改善）。同时，工作资源可以削弱工作要求对压力的消

① KARASEK M. Ultrastructural study of the pineal-adenohypophysial relationships in rats[J]. Progress in Brain Research, 1979, 52: 195-199.

② BAKKER A B, DEMEROUTI E. The Job Demands-Resources Model: state of the art[J]. Journal of Managerial Psychology, 2007, 22(3): 309-328.

极反应(如职场欺负)和员工心理健康的影响;工作要求同样可以调节工作资源对工作参与的影响。

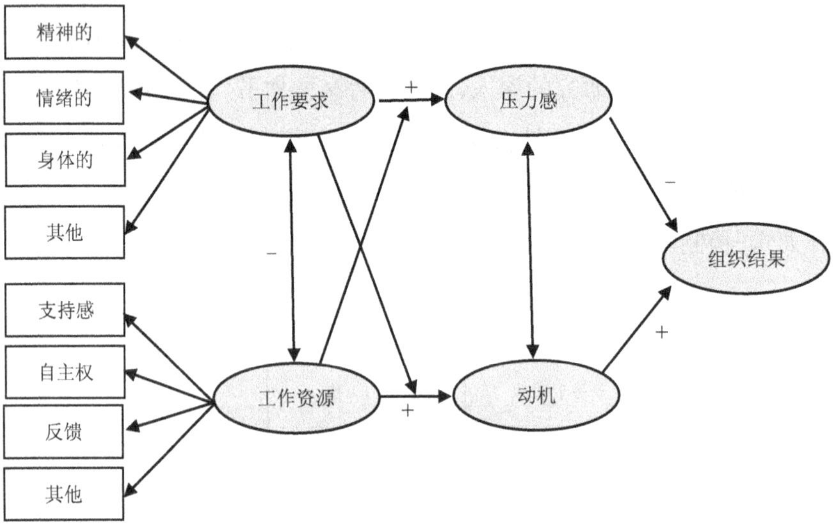

图 2.2　工作要求-资源模型

2.4.2　人际冲突升级路径及相关理论模型

冲突当事人双方在最初阶段更关注冲突的内容(如问题在哪里),寻求理智的方式来解决冲突。逐渐地,双方意识到并强调各自的立场差异,对冲突的关注由“问题本身”转变为“人的原因”(如谁是问题制造者),员工间的攻击性增强。接下来,冲突双方中处于权力强势的一方可能出于保护受到威胁的自尊、避免被社会竞争所淘汰、开展组织政治行为等方面的考虑,采取职场欺负的方式来化解冲突对自我地位造成的消极影响,使处于权力弱势的一方成为受欺负者,并使组织中的其他人对受欺负者的个体偏见不断加深,从而进一步加剧欺负行为;而处于权力弱势方的受欺负者由于缺乏有效的冲突管理能力,无法对职场欺负行为进行反抗,并逐渐对持续发生的欺负行为感到习得性无助,进而认为自己被欺负是理所当然的。这种消极情绪体验和被动的态度又会进一步加剧欺负行为的持续性和重复性。

人际冲突升级路径下,现有对职场欺负行为的研究大多依据 Glasl(1982)的冲突升级模型、Leymann(1996)的欺负四阶段模型和 Lutgen-Sandvik(2003)的六阶段沟通循环模型以及 Heames 等人（2006）的身份差异模型对职场欺负的作用机制展开探讨。

2.4.2.1　冲突升级模型（conflict escalation model）

Glasl 通过三个重要阶段将冲突应对与职场欺负相联系①。第一阶段，关注冲突的内容（如理智型冲突），当事人双方寻求理智的方式来解决冲突。第二阶段，双方意识到并强调各自的差异（如意见对立），冲突变成争论并用行动来代替语言。在该阶段，最初的冲突（如问题在哪里）被个人关注（如谁是问题的制造者）所取代，员工间的关注点变得有攻击性（如情绪或理智性冲突）。冲突管理以害怕失去面子为特征，关注自我声望而对反对者进行威胁。第三阶段，以摧毁反对者为最终目的，反对者想通过积极方式化解冲突的所有尝试均被阻塞，最终导致欺负的发生。

Zapf 和 Gross（2001）指出，大多数的职场欺负案件可以运用上述冲突升级模型描述的冲突升级的不同阶段进行解释，冲突升级初期的干预对预防职场欺负行为的发生至关重要②。在这一冲突模型中，冲突最初是满意导向的，随着时间的推移，第二阶段包含了人身攻击层面的内容。在第二阶段，冲突管理和员工间的关系是至关重要的。如果不能有效解决冲突，将产生一系列消极行为，进而升级为破坏行为。

2.4.2.2　欺负四阶段模型（the four-stage bullying model）

Leymann（1996）将冲突升级过程分为四个阶段：第一阶段是关键事件的出现，引发了冲突升级；第二阶段中处于权力弱势的一方因其弱势地位而成为受欺负者，而对受欺负者的偏见反过来又助长了欺负行为；第三阶段，管理者如果采纳了大多数人对受欺负者的偏见认识，不对消极行为进行遏制，那么欺负行为便发展到第四个阶段——受欺负者以请病假、离职甚至自杀的方式离开组织。

2.4.2.3　六阶段沟通循环模型（the six-stage communicative cycle model）

Lutgen-Sandvik（2003）以群体沉默理论（muted group theory）为基础，扩展了 Leymann 的欺负四阶段模型，将权力不均衡双方（如上级和下属）的沟通看作六个阶段的

---

① GLASL F. The process of conflict escalation and roles of third parties[C]// BOMERS G B, PETERSON R B. Conflict management and industrial relations. Dordrecht: Springer-Science+Bussiness Media, B.V, 1982.

② ZAPF D, GROSS C. Conflict escalation and coping with workplace bullying: a replication and extension[J]. European Journal of Work and Organizational Psychology, 2001, 10(4): 497-522.

循环[①]:第一阶段是冲突事件的发生(如下属出现了令人不满意的工作绩效);第二阶段是上级管理者不断通过消极的方式进行沟通(如辱骂下属);第三阶段是受欺负的下属尝试通过申诉等沟通渠道来寻求组织支持(并不是所有受欺负对象都经历过这一阶段,因为一些组织中没有相应的申诉渠道或者一些受欺负对象不会向其他人倾诉受欺负的经历);第四阶段是组织高层管理者或旁观者意识到了上级对下级的这种职场欺负行为,可能会采取劝诫(giving "voice")的方式使职场欺负得以停止,然而通常情况下高层管理者改变受欺负者的可能性要大于改变实施者的可能性;第五阶段是高层管理者出于偏袒(或旁观者出于害怕和被胁迫)选择保持沉默;第六阶段是受欺负对象离开组织,新的受欺负者出现,欺负重复发生。此时,职场欺负已成为组织文化所支持的一种规范。

2.4.2.4 身份差异模型

Heames、Harvey 和 Treadway(2006)以身份差异理论为基础,开发了一个基于身份差异的职场欺负模型[②],用于说明多样化的群体成员构成以及如何通过身份差异使个体感知到压力,进而通过欺负行为来应对(如图 2.3 所示)。

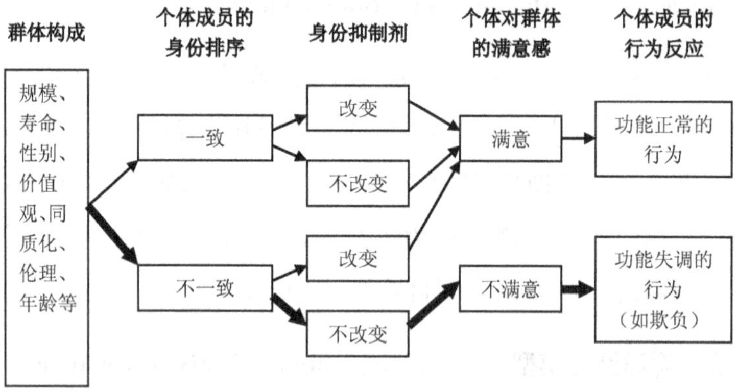

图 2.3 身份差异:欺负行为的前因变量

不同的群体会根据各自的评价标准(如年龄、种族、宗教、教育水平),给予每位群

① LUTGEN-SANDVIK P. The communicative cycle of employee emotional abuse: generation and regeneration of workplace mistreatment[J]. Management Communication Quarterly, 2003, 16(4): 471-501.

② HEAMES J T, HARVEY M G, TREADWAY D. Status inconsistency: an antecedent to bullying behaviour in groups [J]. The International Journal of Human Resource Management, 2006, 17(2): 348-361.

体成员一个身份特征，进而形成该成员在群体内的身份排序。身份差异是指在既定的群体环境中，一个个体与群体中其他成员在一种或多种身份维度上存在差异性或不一致性。这种不一致性经过群体内的身份排序被进一步放大。个体对于这种身份差异性的感知受到其对自我身份可控感的调节。当个体感知到这种身份差异是来自性别、种族等无法通过自身努力来控制或改变的特征时，会感到高度紧张与压力，进而对群体产生不满，表现出诸如欺负行为之类的功能失调行为。

2.4.3　组织（团队）刺激路径及相关理论模型

由于职场欺负是建立在当事人双方权力不均衡的基础上的，组织的不当管理可能导致权力强势方滥用权力、权力弱势方感到习得性无助，进而导致职场欺负持续重复发生。组织的相关管理制度以及组织文化如果缺乏对权力强势方有效的监督控制和对权力弱势方有力的社会支持（如采取放任自流的态度，不对职场欺负行为进行制止），不仅会进一步助长权力强势方的威风，使其认为欺负行为是组织允许甚至期望的（即是符合群体规范和组织文化的），还会进一步使处于权力弱势方的受欺负对象感到习得性无助，认为群体成员已对欺负达成共识、自己被欺负是注定的，从而使职场欺负持续重复发生。在一些组织（如医院和军队）中，职场欺负被当作一种约定俗成的人际互动方式，是一些职场新人必经的阶段和仪式，或者是实施者控制他人的一种手段。尤其在工作压力很大，但组织的晋升政策不明确时，职场欺负被看作处于权力强势方的实施者为了干预或影响组织的重要决策，使其不损害个人既定利益而采取的一种组织政治行为。

2.4.3.1　Einarsen（2000）提出的职场欺负模型

如图 2.4 所示，这一模型指出，组织行动（容忍/不容忍职场欺负行为、提供/不提供社会支持、给予/不给予实施者一定的惩罚以及组织/不组织相关政策的实施）既影响实施者采取欺负行为的动机，也影响受欺负者对欺负行为的感知[①]。

---

① EINARSEN S. Harassment and bullying at work: a review of the Scandinavian approach[J]. Aggression and Violent Behavior, 2000, 5(4): 379-401.

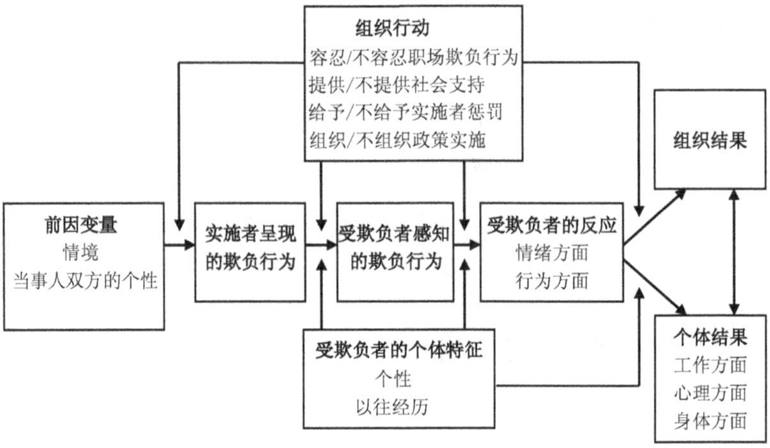

图 2.4 职场欺负的模型

2.4.3.2 Salin(2003)提出的职场欺负的结构和过程模型

如图 2.5 所示，这一模型认为，职场欺负行为是在多种组织环境因素的共同刺激下产生的，这些因素包括如下三个方面。①刺激因素，如激烈的内部竞争、奖励系统和预期收益、官僚主义和较低的解雇风险。②隐患因素，如组织结构重组和危机、其他的组织变革、管理层变动或工作群体的竞争。③诱发因素，如感知到的权力不均衡、实施者感到较低的实施成本、员工对管理层、工作水平和组织氛围感到不满和沮丧[①]。

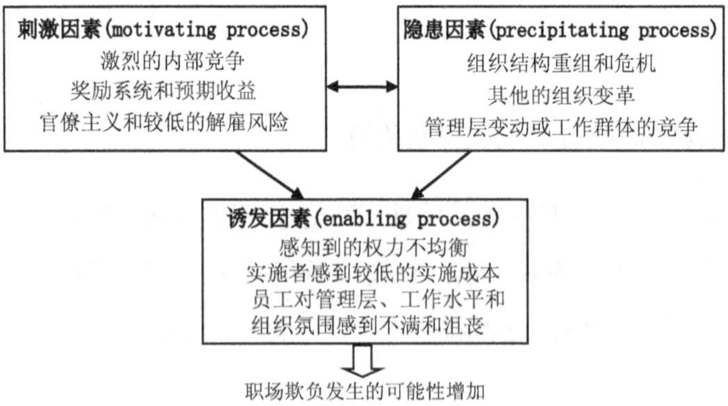

图 2.5 职场欺负的过程模型

① SALIN D. Ways of explaining workplace bullying: a review of enabling, motivating, and precipitating structures and processes in the work environment [J]. Human Relations, 2003, 56(10): 1213-1232.

在上述三方面因素中，任何一方面因素都无法单独导致职场欺负行为的出现，只有这三方面因素共同起作用才能最终引发职场欺负行为。此外，诱发因素既是职场欺负行为的前因变量，也会在职场欺负行为对个体和组织产生影响的过程中起到调节作用。

2.4.4　整合模型

2.4.4.1　Baillien 等人（2009）从人际导向角度提出的整合模型

Baillien 等人（2009）主要从人际导向角度分析了在冲突和压力共同作用下职场欺负的内在生成过程[①]（如图 2.6 所示）。

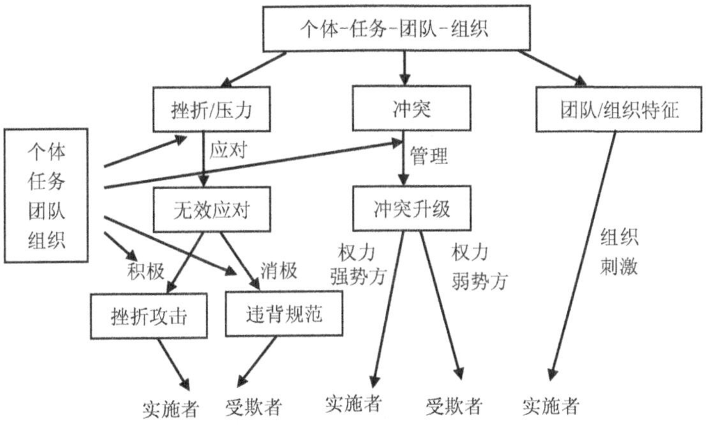

图 2.6　职场欺负的产生路径

2.4.4.2　从情绪事件角度提出的循环模型

Branch，Ramsay 和 Barker（2012）将职场欺负看作情绪事件，并基于情绪事件理论，提出了一个关于职场欺负行为的循环模型[②]（如图 2.7 所示）。

这一模型由七个要素构成：①社会环境，包括社会文化、法律框架和社会经济因素等；②工作环境，包括个体（实施者、受欺负者和旁观者）特征、组织（群体）特征以及个体与组织的互动；③情绪事件出现；④个体、群体以及组织对职场欺负行

① BAILLIEN E, NEYENS I, WITTE H D, et al. Towards a three way model of workplace bullying: a qualitative study[J]. Journal of Community & Applied Social Psychology, 2009, 19(1): 1-16.

② BRANCH S, RAMSAY S, BARKER M. Workplace bullying, mobbing and general harassment: a review[J]. International Journal of Management Reviews, 2012, 15(3), 280-299.

为的反应;⑤幸福感;⑥情绪事件的持续性;⑦情绪事件的停止。

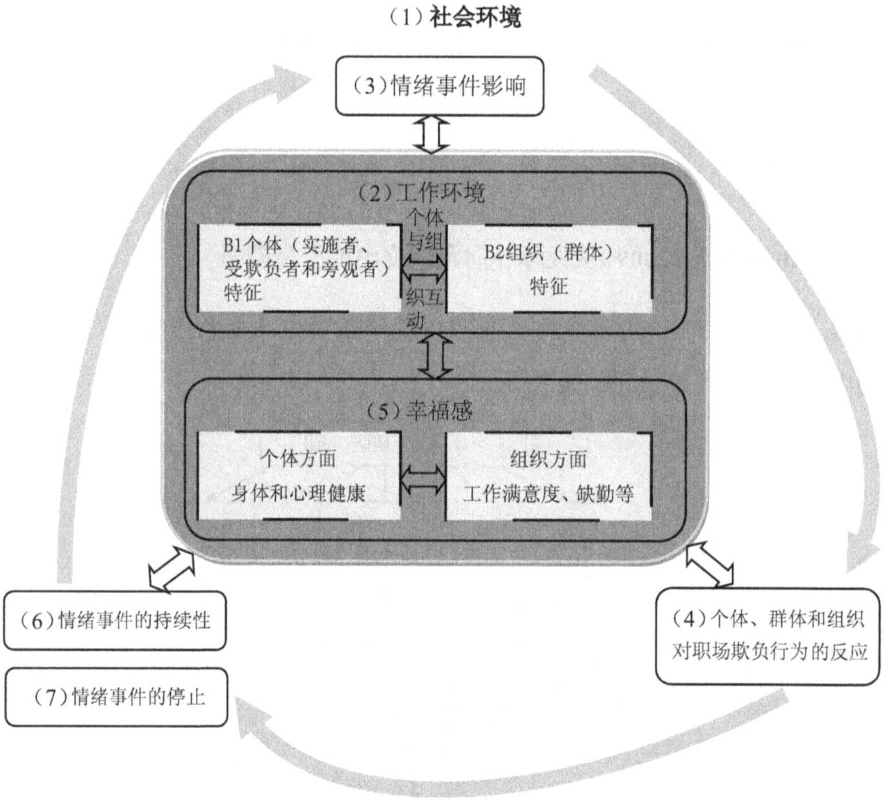

图 2.7　基于情绪事件理论的职场欺负循环模型

2.4.4.3　本研究提出的整合模型

如前所述,目前已有一些理论模型用于解释导致职场欺负的工作环境因素,但大多数强调的是组织特征和工作特征的相关因素是个体受欺负的基础,忽略了群体人际互动特征的影响。

根据相似-吸引范式(similarity-attraction paradigm),态度的相似性是个体之间相互吸引的主要原因,很多身体的、社会的和地位的特点都可以作为依据来推断态度、信仰或个性方面的相似性。相似性越大,人际吸引的水平就越高,从而导致频繁的沟通和高度的社会整合,这些又会导致低离职率(Byrne, 1971)。实证研究也发现,当上司与下属在偏好、性格特质、人口统计特征(如年龄、性别、种族、学历、年资)、解决问题的方式、价值观等方面类似时,双方的人际吸引力高、互动的次数较频繁、部属的工作满意度较高。

然而，相似-吸引范式假设认为个人之间存在互动，因此它不能解释全部的人口特征效应，特别是在成员之间不太可能发生实际互动时。对此，作为对相似-吸引范式的补充，社会认同理论和更具体一些的自我归类理论对在不发生人际互动的情况下，人们之间产生相互吸引的问题做出了进一步解释。其认为，人们习惯性地将自己和他人按照诸如组织成员身份、年龄、性别、学历、地位等人口统计特征进行社会分类，这一过程就是自我归类的过程。自我归类可以让一个人根据一种社会身份来定义自己，并表现出对于这些基于人口统计特征而产生的各种群体的强烈好恶。与异质性群体相比，同质性群体更可能团结在一起并表现出较高的满意度和较低的离职意愿。

自我归类理论对于理解群体对个人影响的主要贡献之一便是产生了“心理群体”的概念。心理群体是一群具有相同社会身份或按照相同的类别成员身份来定义自己的人。心理群体的一个重要特征是个人能够认同它，并且不必与那个群体的所有成员发生人际互动就可以形成认同感。这一思想与关系人口学（relational demography）的概念一致。自从 Pfeffer（1983）提出了关系人口学的概念后，西方多从人口特征的相似性或相异性（similarity or diversity）的角度来探讨组织中的人际互动与效能问题，认为组织成员之间在人口背景上越同质、个体与组织其他成员人口背景越相似时，越能得到正向的工作绩效和态度（Riordan，2000）。运用这种逻辑，我们预测，一个团队中与他人在人口统计特征方面差异较大（即关系型人口特征变量值较大）的个体比差异较小的个体更容易受到欺负。

同时，本研究认为，工作压力、人际冲突或组织刺激不一定会导致职场欺负行为。因为个体并非环境刺激的简单反应者，个体的过往经验、人格特点、价值观念、情绪状态等均有可能影响其对环境做出的反应。工作压力、人际冲突和组织刺激会引起个体剧烈的情绪和行为反应，关键在于个体在情境互动过程中，如何对上述情境赋予意义以及如何宣泄由上述情境引发的负性情绪。

基于上述分析，本研究在对职场欺负的产生路径进行总结后，形成了如图 2.8 所示的整合模型。

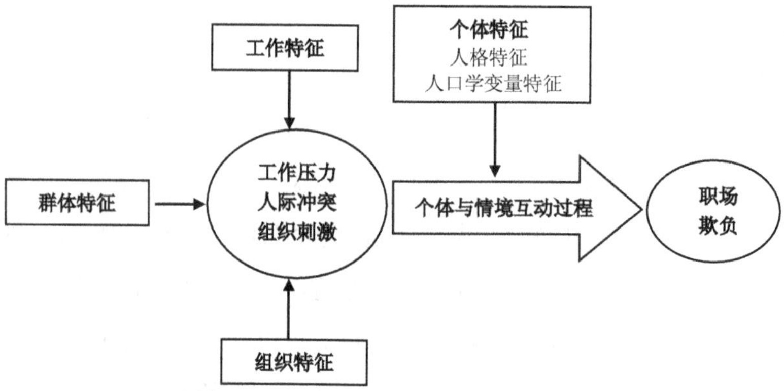

图 2.8 职场欺负形成机制的整合模型

。

第 3 章 相关研究述评及本研究视角的引入

Johnson（2011）首次根据 Bronfenbrenner（1979）提出的社会生态模型，将职场欺负看作一系列持续不断升级的消极事件，从社会、组织、部门和个体四个层次，分析了社会生态情境对职场欺负事件的影响以及职场欺负事件反作用于社会生态情境所产生的涟漪效应①（如图 3.1 所示）。

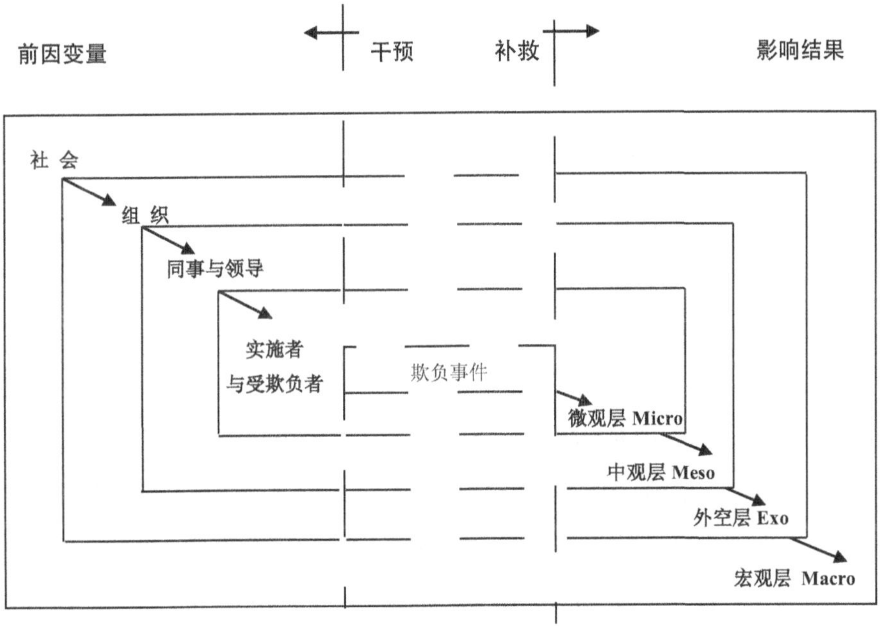

图 3.1 职场欺负的社会生态模型

由图 3.1 可知，对于职场欺负事件影响因素和影响结果的分析，从个体、群体、组

① JOHNSON S L. An ecological model of workplace bullying: a guide for intervention and research[J]. Nursing Forum, 2011, 46(2): 55-63.

织和社会四个层次展开，才能对这一现象有较为全面、深入的把握，从而为进一步采取积极有效的干预和补救措施提供充分的依据。

3.1 职场欺负的影响因素

已有的对职场欺负影响因素的研究大体上可归纳为三个关注点：一是当事人双方的个性；二是个体间的社会互动；三是环境因素。

关注点的不同，使得学者们对于职场欺负的分析层面也有所差异。大体上可划分为五个分析层面：①个体层面；②人际互动层面；③群体动力层面；④工作环境层面；⑤组织、社会和政治环境层面。

3.1.1 个体特征

3.1.1.1 受欺负对象的个体特征

根据前述的受害人催化理论，员工的某些个体特征可能催化实施者的欺负行为。这些特征（即通常所说的天生“受气包”）包括：弱势群体的地位；被动、屈从的个性；缺乏政治影响力和政治技能；已形成习得性无助，接受迫害。例如，一些研究表明，女性受欺负者居多，而且女性既受男性欺负也受女性欺负，男性往往只受男性欺负（Hoel et al., 1999; Hauge, Skogstad & Einarsen, 2009）。资历老的员工常欺负新进员工（Baillien et al, 2009），例如，何清治、张睿欣和洪锦墩（2016）以中部某区域教学医院就职满三个月的医院人员为对象开展的研究表明，服务年资与职场霸凌显著相关[①]。

在大五人格方面，一些研究发现，神经质性（Mikkelsen & Einarsen, 2002; Persson et al, 2009; Glaso et al, 2007）和情绪稳定性（Matthiesen & Einarsen, 2001）与受欺负有关，而外倾性、宜人性和责任心方面的相关研究未得到一致的研究结果。例如：Persson 等人（2009）指出，受欺负者有较高的外倾性[②]；Coyne 等人（2000）也认为受欺负者在

---

① 何清治，张睿欣，洪锦墩. 中部某区域教学医院职场霸凌之研究[J]. 澄清医护管理杂志, 2016, 12(2): 39-48.

② PERSSON R, HOGH A, HANSEN Å, et al. Personality trait scores among occupationally active bullied persons and witnesses to bullying[J]. Motivation & Emotion, 2009, 33(4): 387-399.

外倾性和责任心方面普遍处于较高水平①;而 Glaso 等人(2007)的研究结论则与之相反,认为受欺负者在外倾性、宜人性和责任心方面普遍处于较低水平,为此,他们质疑是否存在一致的受欺负者个性轮廓②。

此外,过度焦虑和沮丧、低社交水平、低自尊水平等特征也常出现在受欺负者的自我报告中。Harvey 等人(2006)指出,受欺负是个体的一种主观感知,受欺负者的消极情绪,如焦虑和恐惧(不满意感或对感知到的风险和威胁的焦虑),影响了其对欺负行为的体验,并使其逐渐习惯了这种情境③。受欺负者可能是被动的,没有较好地融入群体,或在群体中处于边缘地位。这种处于权力劣势而不被认同的处境,使其易成为受欺负对象,并逐渐形成习得性无助,从而使欺负得以持续存在。但是,消极情绪和低水平的自尊与职场欺负之间的因果关系受到了质疑,因为高水平的消极情绪和低水平的自尊可能是潜在的、导致欺负持续的原因(Mikkelsen & Einarsen, 2002),也可能是长期受到欺负导致的结果,即与欺负之间存在循环影响关系(Hallberg & Strandmark, 2006)。

由此可见,受欺负者的一些个体特征与职场欺负之间可能存在着复杂的交互作用:一方面,当涉及受欺负者的人格特征时,需要区分其作为前因变量、中介变量和调节变量在职场欺负中发挥的不同作用(Zapf & Einarsen, 2011);另一方面,需要考虑职场欺负反过来对受欺负者人格的影响(Razzaghian & Shah, 2011)。

3.1.1.2 实施者的个体特征

由于受到社会赞许性的影响,直接收集实施者的相关数据存在一定的困难,关于职场欺负实施者人格特征的描述大多来自受欺负者的主观报告。Einarsen、Raknes 和 Matthiesen(1994)对挪威 7 个工会的 2200 名员工进行的调查显示④,只有 5%的被调查对象承认自己曾实施过欺负行为,而这些人在社会焦虑、攻击性和自尊水平上的得

① COYNE I, SEIGNE E, RANDALL P. Predicting workplace victim status from personality[J]. European Journal of Work and Organizational Psychology, 2000, 9(3): 335-349.

② GLASO L, MATTHIESEN S B, NIELSEN M B, et al. Do targets of workplace bullying portray a general victim personality profile? [J]. Scandinavian Journal of Psychology, 2007, 48(4): 313-319.

③ HARVEY M G, HEAMES J, RICHEY R G, et al. Bullying: from the playground to the boardroom[J]. Journal of Leadership & Organizational Studies, 2006, 12(4): 1-12.

④ EINARSEN S, RAKNES B I, MATTHIESEN S B. Bullying and harassment at work and their relationships to work environment quality: an exploratory study[J]. European Work and Organizational Psychologist, 1994, 4(4): 381-401.

分普遍较高。随后，Matthiesen 和 Einarsen（2007）的研究也证实[①]，承认自己是职场欺负实施者的被调查对象显示出较高的攻击性人格特征。Parkins、Fishbein 和 Ritchey（2006）的研究指出，实施者的知觉控制水平较低，而社会主导性较强[②]。还有一些研究指出，实施者很可能是自恋且自负、刚愎自用、睚眦必报的一类人，总喜欢批判和迁怒他人，并且不认为自己的行为是有危害性的。Jenkins 等人（2012）通过对 24 位被指控为职场欺负实施者的管理人员进行的访谈调查进一步指出：许多管理者认为自己才是职场欺负的受害人，受到了下属的欺负；其他被调查者则辩称自己的行为属于正当合法的绩效管理行为[③]。Zapf 和 Einarsen（2011）在总结仅有的关于职场欺负实施者实证研究的基础上，概括了职场欺负实施者的以下特征：高自尊水平，将职场欺负作为自尊受到威胁时的自我调节手段；缺乏社会竞争力，将职场欺负作为微观政治行为（micro-political behavior），尤其在组织缺乏正式的安排和清晰的工作分工时，职场欺负被当作击败竞争对手的一种手段[④]。

3.1.2 情境因素

早期研究职场欺负的学者 Leymann（1996）认为，人格特征（作为前因变量）对欺负行为的影响并不明显，不良的工作环境才是导致职场欺负行为发生的根本原因。为此，他提出了职场欺负的工作情境假设（work environment hypothesis of bullying），将工作特征设计和组织的社会环境作为诱发职场欺负的两个重要因素。基于这一假设，一些研究者对诱发职场欺负的各种情境因素进行了相关的实证研究。本研究在对现有文献进行梳理的基础上，将影响职场欺负的情境因素归纳为以下几个方面。

---

① MATTHIESEN S B, EINARSEN S. Perpetrators and targets of bullying at work: role stress and individual differences [J]. Violence and Victims, 2007, 22(6): 735-753.

② PARKINS I S, FISHBEIN H D, RITCHEY P N. The influence of personality on workplace bullying and discrimination[J]. Journal of Applied Social Psychology, 2010, 36(10): 2554-2577.

③ JENKINS M F, ZAPF D, WINEFIELD H, et al. Bullying allegations from the accused bully's perspective[J]. British Journal of Management, 23(4): 489-501.

④ ZAPF D, EINARSEN S. Individual antecedents of bullying: victims and perpetrators[C]// EINARSEN S, HOEL H, ZAPF D, et al. Bullying and harassment in the workplace: developments in theory, research, and practice. 2nd ed. Boca Raton, FL: CRC Press, 2011.

3.1.2.1 工作特征因素

根据前述的 Karasek 的工作要求-控制模型以及 Bakker 和 Demerouti 的工作要求-资源模型，工作任务本身的特征（工作要求和工作控制/工作资源）会影响员工对工作压力的感知，从而在一定程度上对职场欺负起到促进或缓冲的作用。为此，一些学者对可能影响职场欺负发生的一系列工作特征因素进行了分析。例如，Baillien 等人（2011）运用工作要求-控制模型进行的研究指出，减轻工作负担和增加工作自主性，进而减少工作压力，可以在一定程度上减少职场欺负。此外，角色冲突、工作要求模糊、工作缺乏安全感以及缺乏清晰的目标导向等均被证明与职场欺负有关。

近期，有关工作特征因素与职场欺负之间的关系的研究取得了新的进展。Broeck、Baillien 和 Witte（2011）的研究进一步指出，工作要求和工作资源均与实施者报告的欺负行为正相关，而工作要求与受欺负行为正相关，工作资源则与受欺负行为负相关，并且情绪枯竭在其中发挥了部分中介作用①；Baillien、Cuyper 和 Witte（2011）通过 6 个月的追踪研究指出，高压力的工作环境（工作负荷大、工作自主性低）增加了实施者和受欺负者卷入职场欺负行为的可能性②；Balducci、Cecchin 和 Fraccaroli（2012）通过对 609 名意大利公共部门员工的调查研究发现，角色冲突对职场欺负的实施者和受欺负者都有显著影响，个体敏感性在角色冲突对受欺负者的影响中起调节作用，而且角色压力与职场欺负之间存在相互影响③；Hauge、Skogstad 和 Einarsen（2010）在对挪威受欺负对象的追踪研究中并未发现角色压力对后续的受欺负经历有影响，而之前的受欺负经历却反过来影响了受欺负者后续感知的角色模糊、角色冲突和角色负担④。

① BROECK A, BAILLIEN E, WITTE H. Workplace bullying: a perspective from the Job Demands-Resources model [J]. SA Journal of Industrial Psychology, 2011, 37(2): 40-51.

② BAILLIEN E, CUYPER N, WITTE H. Job autonomy and workload as antecedents of workplace bullying: a two-wave test of Karasek's Job Demand Control model for targets and perpetrators[J]. Journal of Occupational and Organizational Psychology, 2011, 84(1): 191-208.

③ BALDUCCI C, CECCHIN M, FRACCAROLI F. The impact of role stressors on workplace bullying in both victims and perpetrators, controlling for personal vulnerability factors: a longitudinal analysis[J]. Work & Stress, 2012, 26(3), 195-212.

④ HAUGE L J, SKOGSTAD A，EINARSEN S. The relative impact of workplace bullying as a social stressor at work [J]. Scandinavian Journal of Psychology, 2010, 51(5): 426-433.

3.1.2.2 组织因素

根据韦伯的官僚制组织结构理论，职场欺负可以被看作更广泛的社会结构和权力关系的反映。组织变革、组织氛围与等级制度，尤其是组织文化、正式的权力关系和沟通渠道等均被证实与职场欺负高度相关。例如，尚万成（2015）以海关系统的21个直属海关关区内的关员为研究对象开展的调查表明，管理风格是影响海关关员职场欺负行为的重要原因[①]。

如果一个组织没有及时采取有效的管理措施阻止职场欺负文化的侵蚀（例如：管理者对欺负行为采取容忍和忽视态度，缺乏明确的反职场欺负的政策规定，缺乏对管理者权力的制约和行为的培训），会进一步助长实施者的士气，使其认为欺负是组织允许的甚至是期望的（Hutchinson et al, 2010），从而加剧职场欺负行为。Hodson、Roscigno 和 Lopez（2006）运用民族志的方法，在对有关组织生命周期的文献进行研究的基础上，提炼出组织凝聚力低（秩序混乱）是诱发职场欺负的组织基础[②]。组织凝聚力可从透明度、责任和能力三方面来衡量。高凝聚力的组织中，欺负是不必要且不被允许的；而组织混乱和权力滥用则为职场欺负行为的猖獗提供了温床。人际互动中的弱势者在受欺负方面的缺点可能会在混乱无序的组织环境中被放大，连相对强权者也有可能成为受欺负者。

此外，已有研究表明，在有些组织/机构（需要通过军事化管理、要求团队协作、提供应急服务、具有高压工作环境、工作时间不固定、需要特殊技能）中，可能需要通过职场欺负行为（尤其是口头的辱骂行为）来塑造员工的坚韧性，进而使员工达成组织设定的绩效目标。例如，在医院、军队、警察以及建筑行业中，职场欺负被当作一种约定俗成的惯例或习俗，是一些职场新人必经的阶段和仪式，是组织控制其员工的一种手段。尤其在组织的晋升政策不明确时，职场欺负常被作为一种组织政治行为。为此，一些学者将整个组织看作职场欺负的实施者，采用社会学的观点，运用社会建构的方法，从雇佣关系管理的角度，对“欺负型组织”的概念问题进行了相关研究。Liefooghe 和 Davey（2001）通过典型案例研究，对英国一家电信公司呼叫中心的员工进行了焦点

---

① 尚万成. 管理风格与海关关员沉默行为、反生产行为、职场欺负行为的关系[D]. 上海：上海师范大学，2015.

② HODSON R, ROSCIGNO V J, LOPEZ S H. Chaos and the abuse of power: workplace bullying in organizational and interactional context[J]. Work and Occupations, 2006, 33(4): 382-416.

群体访谈。通过话语分析发现，职场欺负以去个性化的方式被员工感知，员工将组织贴上欺负实施者的标签，以此作为他们尝试对其认为不合法的日常组织管理实践进行挑战和反抗的一种武器[①]。Ironside 和 Seifert(2003)通过对历史文献的分析指出，职场欺负并不是一个新现象，而是资本主义生产过程中，一种对员工进行日常管理控制的典型做法。职场欺负的基础——雇主和雇员双方权力的不平等，源于二者在劳动力市场的不平等地位：一方面，雇员作为劳动力的卖方，在数量上远超过作为劳动力买方的雇主，即属于买方主导；另一方面，失业带给雇员的损失远大于劳动力短缺对雇主的影响[②]。

3.1.2.3 社会文化因素

文化是社会存在的一个建构性范畴，对生活在该文化中的人们的心理和行为产生重要的影响。

一方面，职场欺负的发生率因国家文化的不同而存在差异性。低权力化程度、不确定性规避以及女性主义导向的国家，职场欺负的发生率较低；而高权力化程度、不确定性规避以及男性主义导向的国家，职场欺负的发生率较高。就欧洲而言，由于各国在文化上存在差异性，导致职场欺负发生率也明显不同。相比而言，斯堪的纳维亚半岛地区的职场欺负发生率较低，例如瑞典职场欺负的发生率在 1%~5%之间。而南欧和东欧中部职场欺负的发生率则较高。

另一方面，各国在职场欺负的实施者方面存在着一定的文化差异。已有研究表明，在权力化程度较低的挪威、瑞典和芬兰等国家，职场欺负的实施者主要是同事，且较多采取群体的方式实施以人际冲突为典型特征的争议型欺负，同事的权力主要来自非正式网络或工作任务的依存性，下属的权力则主要来自诸如工会之类以群体为基础提供的支持；而在权力化程度较高的国家，职场欺负的实施者主要是上级，且较多通过个体的方式实施以压力投射为典型特征的掠夺型欺负。Escartín 等人(2011)在对比中美洲地区和南欧地区雇员有关职场欺负的感知时也指出，由于两个地区均属于高权

---

① LIEFOOGHE A P, DAVEY K M. Accounts of workplace bullying: the role of the organization[J]. European Journal of Work and Organizational Psychology, 2001, 10(4): 375-392.

② IRONSIDE M, SEITER R. Tackling bullying in the workplace: the collective dimension[C]// EINARSEN S, HOEL A, ZAPE D, et al. Bullying and emotional abuse in the workplace: international perspectives in research and practice. London/New York: Taylor and Francis, 2003.

力化程度和不确定性规避的国家，因而在描述职场欺负时，两个地区的员工均认为来自垂直等级结构的上级是主要的实施者[①]。与此同时，来自日本和韩国的研究表明，受集体主义文化影响，职场欺负的实施者通常以群体形式出现，且较多采用间接的方式，而非直接的身体攻击 。例如，日本厚生劳动省通过向企业了解情况和研究诉讼案例发现，来自同事的无视等冷暴力以及 IT 知识丰富的年轻员工找上司麻烦等事例很多。Liu 等人（2008）在对中国和美国员工在职场中经历的直接（面对面）冲突和间接（非面对面）冲突进行的跨文化比较研究中指出[②]，国家文化在人际冲突与工作压力间起到调节作用：直接冲突对于美国员工的心理压力有较强的预测作用；而间接冲突对于中国员工的身体不适症状有更强的预测作用。在中国，与他人的间接冲突比直接冲突更能导致雇员的心理压力增加。也就是说，员工的文化背景与其表达冲突的方式密切有关。由此可以推断，在崇尚中庸思维和集体主义的中国，间接的、群体性的职场欺负形式可能更为常见，而且对员工身心健康的影响可能更为严重。事实上，我国近几年来已有一些学者围绕集体主义文化对职场排斥的影响以及职场围攻等间接的、群体性职场欺负行为开展了相关的研究。

此外，在不同文化影响下，人们对职场欺负行为的感知与评价过程可能会存在差异性，进而导致人们对职场欺负行为的接受程度不同。以目前大多数学者用来测量职场欺负行为的负性行为问卷修订版（Negative Acts Questionnaire Revised，NAQ-R）为例，该问卷是在挪威学者 Einarsen 和 Raknes（1997）编制的负性行为问卷（Negative Acts Questionnaire，NAQ）基础上修订而成的，不同文化背景下的人们，对于问卷中涉及负性行为可能存在感知上的差异性。例如，意大利和美国被试者可能感知到更多的消极行为，其所提供的职场欺负行为发生率就会高于挪威和瑞典等国家（Giorgi，Arenas & Leon-Perez，2011；Lutgen-Sandvik et al，2007）。此外，问卷中的某些行为可能不被一些国家的被试者感知为欺负行为，而且在某些国家中无法让人接受的行为可能在另一些国家是能够被容忍的。因此，Power 等人（2013）运用全球领导力和组织行为效能研究项目（GLOBE）开发的国家文化的 9 个维度中，与职场欺负行为相关的 3 个维

① ESCARTÍN J, ZAPF D, ARRIETA C, et al. A workers' perception of workplace bullying: a cross-cultural study [J]. European Journal of Work and Organizational Psychology, 2011, 20(2): 178-205.

② LIU C, NAUTA M M, SPECTOR P E, et al. Direct and indirect conflicts at work in China and the US: a cross-cultural comparison [J]. Work & Stress, 2008, 22(4): 295-313.

度——人道导向（humane orientation）、绩效导向（performance orientation）和未来导向（future orientation），对来自 14 个国家的被试者进行了有关职场欺负行为接受程度方面的文化差异研究[①]。该研究表明，强调高绩效导向与短期导向的文化要比强调人道导向的文化更易接受职场欺负行为。例如，与拉美文化相比，强调高绩效导向的东亚儒家文化，较重视组织成员之间一起工作，历来强调下级对上级的尊重和忠诚。因此在该文化影响下，员工更倾向于接受欺负行为，尤其是在这种欺负行为来自直接上级时，高度制度化的集体主义导向使得员工往往为了群体利益愿意容忍令其不愉快的职场欺负行为。Loh、Restubog 和 Zagenczyk（2010）对澳大利亚和新加坡员工进行的职场欺负行为跨文化比较研究表明[②]，在崇尚高权力化程度、强调集体主义的文化影响下，新加坡员工更多地将上级的一些欺负行为（如当众严厉指出其在工作中需改进之处）看作符合规范的行为，相对个人感受而言，更关注团队和组织的结果，因而对职场欺负行为的容忍度较高。

3.1.3　影响因素小结与评价

根据职场欺负行为的社会生态模型，职场欺负的影响因素包括微观、中观和宏观多个层次。上述对职场欺负影响因素的研究主要从个体自身以及个体如何与工作/组织进行互动的角度，将职场欺负看作工作压力和人际冲突升级的结果，关注诱发职场欺负的个体特征、工作特征、组织特征和社会文化等因素（如当事人双方的个性、工作压力、角色压力、角色冲突、组织结构、组织变革、权力距离等），而忽略了群体动力机制（如群体成员身份、群体认同、群体情绪等因素）对于职场欺负的影响。此外，旁观者作为与当事人双方同处同一生态系统中的第三方力量对于职场欺负的影响也未得到足够的重视。

3.1.3.1　群体机制

Awiria 等人（1994）曾指出，欺负行为是一种群体现象，有四种群体机制在欺负行为中发挥作用：社会感染机制、对攻击倾向控制力的减弱机制、责任分散机制以及欺负

① POWER J L, BROTHERIDGE C M, BLENKINSOPP J, et al. Acceptability of workplace bullying: a comparative study on six continents [J]. Journal of Business Research, 2013, 66(3): 374-380.

② LOH J. RESTUBOG S L, ZAGENCZYK T J. Consequences of workplace bullying on employee identification and satisfaction among Australians and Singaporeans [J]. Journal of Cross Cultural Psychology, 2010, 41(2): 236-252.

行为追随者对受欺负者感知变化机制[①]。

已有研究表明，来自同事间的竞争、群体对于冲突的应对风格以及个体在群体中的身份差异等因素都会影响职场欺负的发生与持续。Shallcross、Ramsay 和 Barker（2010）的研究指出[②]，实施者通过在职场中散布流言蜚语的方式不仅使受欺负者公开受辱，而且也使接收到流言蜚语的其他人因害怕自己也成为受欺负者而产生恐惧，从而使得职场欺负得以持续甚至加剧。Hutchinson（2012）进一步指出，职场欺负可以被看作操控工作群体的过程（workgroup manipulation），通过"影响、劝告、合理化和遵从"这四种形式，工作群体作为一种传播媒介在扩大、传播或维持职场欺负中起到了群体传染的作用。此外，Escartín 等人（2013）对来自 19 个组织的不同工作群体进行的调查研究显示，群体认同机制对群体和个体层面的工作相关的欺负行为有重要影响。人们对于其所在的群体认同度越高，他们成为职场欺负受害者的可能性越小[③]。

3.1.3.2　旁观者在职场欺负中的角色与行为选择

Heugten（2010）指出，以往有关职场欺负的研究中较少涉及旁观者，今后的研究需要将旁观者纳为研究对象[④]。为此，Paull、Omari 和 Standen（2012）在对校园欺负中旁观者扮演的角色进行回顾的基础上，根据行为意愿（主动的还是被动的）和对组织效能的影响（积极的还是消极的），将职场欺负中旁观者的角色进一步分为 13 种[⑤]：同情型、共鸣型、干预型、平息型、保护型、退让型、逃避型、屈服型、替代型、煽动型、操控型、合作型和促成型（如图 3.2 所示）。

---

① AWIRIA O，OLWEUS D，BYRNE B. Bullying at school: what we know and what we can do[J]. British Journal of Educational Studies, 1994,42（4）:403.

② SHALLCROSS L, RAMSAY S，BARKER M. A proactive response to the mobbing problem: a guide for HR managers[J]. New Zealand Journal of Human Resources Management, 2010, 10（1）: 27-37.

③ ESCARTÍN J, ULLRICH J，ZAPF D，et al. Individual-and group-level effects of social identification on workplace bullying[J]. European Journal of Work and Organizational Psychology, 2013, 22(2): 182-193.

④ HEUGTEN K. Bullying of social workers: outcomes of a grounded study into impacts and interventions [J]. British Journal of Social Work, 2010, 40(2): 638-655.

⑤ PAULL M, OMARI M，STANDEN P. When is a bystander not a bystander? A typology of the roles of bystanders in workplace bullying [J]. Asia Pacific Journal of Human Resources, 2012, 50(3): 351-366.

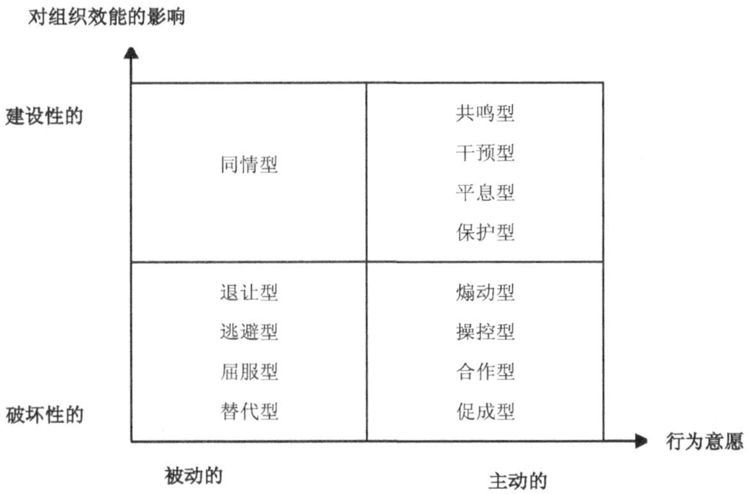

图 3.2 职场欺负中旁观者可能扮演的角色

根据上述角色,旁观者在职场欺负事件中的行为选择可归纳为以下三种:支持和保护受欺负者,即"打抱不平";协助和煽动实施者,即"同流合污";沉默,即"熟视无睹"。同时,旁观者作为在人数上占绝对优势的第三方力量,他们的这些行为选择将在一定程度上对欺负行为起到抑制或促进作用,进而对组织效能产生建设性或破坏性的影响。

支持和保护受欺负者——"打抱不平"。对于受欺负者而言,旁观者的支持和保护能够在一定程度上起到社会支持的作用。一方面,旁观者的支持和保护有助缓解受欺负者的无助感和自我认同威胁;另一方面,旁观者还可能通过与受欺负者结盟或向组织高层管理者建言的方式,动摇职场欺负赖以依存的基础——权力不均衡性,从而对欺负行为起到一定的抑制作用。例如,Zapf 和 Gross(2001)通过对问卷调查进行的研究显示,尽管受欺负者有较强的规避冲突的趋势,较少选择以报复或消极工作的态度来应对欺负,但如果得到了旁观者的支持,他们可能更愿意以群体力量的优势去对抗实施者。对于实施者而言,旁观者支持和保护受欺负者的行为可能在一定程度上起到社会阻抑的作用。一方面使实施者感知到群体压力,为避免"触犯众怒"而对自己的行为有所收敛;另一方面旁观者的介入也可能会引起组织高层管理者的重视,从而对实施者施加压力,迫使其减少欺负行为。

协助和煽动实施者——“同流合污”。由于受欺负者通常是个体或群体中的少数人员，当旁观者目睹或听说组织中权力强势方对弱势方实施欺负行为而且该行为未受到组织惩罚时，他（或她）出于认同威胁，害怕自己如果不“合群”地参与进去，可能也会成为欺负对象的考虑，可能会选择与实施者“同流合污”，进而导致职场欺负演变为大规模的、群体性的职场围攻行为（mobbing）。更有甚者，一些旁观者实际上是欺负行为的幕后主使，他们通过给当事人双方制造冲突，并进一步操控将冲突升级为欺负的整个过程，使自己“坐收渔利”。为此，旁观者对欺负行为的协助和煽动在一定程度上导致了欺负行为的持续发生乃至升级演变。

沉默——“熟视无睹”。Barnett 回顾了关于旁观者行为的不同定义，发现大多数定义均涉及袖手旁观或仅作为现场观众而不参与其中。而大部分职场欺负行为的发生与持续恰恰是由旁观者的无动于衷造成的，这是一种默许和间接的鼓励。尤其是有些实施者在实施欺负行为时，需要旁观者在场以证明和展示他的权力，并从中获得更多的快感。Lewis 和 Orford（2005）将旁观者的不作为看作对欺负行为的宽恕或支持[①]。他们观察到，同事往往不愿公开支持受欺负者，以免自身受到牵连。而这一做法所传递的信号，在实施者看来是对其欺负行为给予的一种积极反馈，从而进一步增加实施者的自信心，对欺负行为更加有恃无恐、变本加厉。Van Heugten（2010）也指出，作为同事的旁观者为避免卷入冲突而选择熟视无睹，导致职场欺负的“升级效应”，使受欺负者被隔离于社会活动之外，哪怕是茶歇时间的私人沟通。旁观者的熟视无睹也进一步增强了受欺负者的无助感，使其自我效能和价值感进一步减弱，从而加剧了职场欺负对受害人身心健康的消极影响。

根据对已有研究的整理和分析，我们可以发现在影响旁观者做出上述具体行为选择的众多因素中，情绪和群体认同是两个重要心理机制。

一方面，近期一些学者开始将“情绪因素”纳入职场欺负的分析框架。例如，Branch、Ramsay 和 Barker（2012）将职场欺负看作循环发生的情绪事件，认为人们（包括旁观者在内）对职场欺负的体验是由一系列情绪（积极的或消极的）累积而成的，并

① LEWIS S E, ORFORD J. Women's experiences of workplace bullying: Changes in social relationships [J]. Journal of Community & Applied Social Psychology, 2005, 15(1): 29-47.

且这些情绪体验会进而影响其接下来的工作态度和行为[①]。例如，在自豪、幸灾乐祸的情绪下，倾向于协助和煽动实施者；在恐惧的情绪下，倾向于保持沉默；在同情、愤怒、内疚的情绪下，倾向于支持和保护受欺负者。而团队情绪作为重要的团队心理变量，会影响团队成员的工作效率和心情，甚至会成为一个团队成员是否留在团队的因素。因此，本研究认为，职场欺负作为持续发生的情绪性事件，可能会受到团队整体情绪的影响。

另一方面，群体认同作为个体以群体成员的身份定义自我，进而归属于群体的一种感知，会在一定程度上影响旁观者对群体内欺负事件的态度和行为选择。虽然对群体认同和职场欺负关系的研究较少，但对于儿童欺负的相关研究已表明，群体认同是影响旁观者角色和行为的重要心理机制。例如，Ojala 和 Nesdale（2004）指出儿童对社会认同较为敏感，个体通常与群体规范保持一致，对于欺负也如此；Jones、Manstead 和 Livingstone（2009）通过实验测量了以群体认同作为调节变量，在欺负情境中儿童行为反应的影响；随后他们基于群体认同和内群情绪理论，通过实验分析了在假定的欺负情境中，群体成员资格、群体认同以及内群情绪（自豪、羞愧和愤怒）对于群体成员认知和行为反应的影响，尤其对于实验中的旁观者群体而言，他们对实施者和受欺负者群体的认同程度以及相应的内群情绪，直接决定了其对欺负行为的态度是支持还是反对。由此可见，如果旁观者对所属的群体认同度高，而该群体崇尚欺负文化，那么旁观者与实施者同流合污的可能性将增加。例如，Jones 等人（2008）发现，既定的群体成员资格影响个体对欺负可接受程度的判断，以致与实施者处于同一群体的人认为，该实施者的欺负行为要比另一群体实施者的欺负行为更容易被接受。吴隆增、刘军和许浚（2010）也证实了组织认同在职场排斥与组织公民行为之间所起的中介作用[②]。

---

① BRANCH S, RAMSAY S, BARKER M. Workplace bullying, mobbing and general harassment: a review [J]. International Journal of Management Reviews, 2013, 15(3): 280-299.

② 吴隆增, 刘军, 许浚. 职场排斥与员工组织公民行为: 组织认同与集体主义倾向的作用 [J]. 南开管理评论, 2010(3): 36-44.

3.2 职场欺负造成的影响及其干预现状

职场欺负不仅对受欺负者有一定的消极影响，还可能产生涟漪效应，进而影响旁观者的身心健康以及整个组织的效能。

3.2.1 职场欺负对受欺负者身心健康的影响

根据受欺负者的自我报告，职场欺负会导致员工酗酒、滥用药物和失眠的加重，心脑血管疾病以及慢性病的发病率增加，身体素质下降。聂光辉等人（2017）指出，职场欺凌对护理人员心理健康具有显著的负向影响[①]。事实上，已有研究表明，职场欺负不仅影响受欺者的身体健康，还影响他（或她）的心理健康。比如，受欺负者很容易感到筋疲力尽、心烦意乱、没有耐心、被疏远孤立、主观幸福感下降、自我效能感下降、无助感增强。同时，职场欺负还会给受欺负者带来焦虑、悲伤、恐惧和愤怒等消极情绪体验。Brotheridge 和 Lee（2010）进一步指出，每一种欺负行为都会产生一种情绪性反应：贬低某人、低估工作价值和口头辱骂等欺负行为与悲伤、心神不宁、愤怒和困惑等负向情绪有关，并且持续的负性事件将使受害人对进一步的负性事件变得敏感，进而增加了负性情绪体验[②]。Lutgen-Sandvik（2008）通过访谈研究发现，个体在欺负行为发生前期体验到低水平的不适和紧张，在后期将体验到羞愧，最终个人的自我认同逐渐被破坏[③]。而无法发泄情绪并对欺负行为进行有效应对，又会进一步加剧职场欺负对受欺负者身心健康的损害，进而导致受欺负者患上心理疾病乃至自杀等恶性后果。Rodriguez-Munoz 等人（2010）指出，创伤后应激障碍（PTSD）普遍存在于职场欺负受害

① 聂光辉, 曾萍萍, 邓砚, 等. 自我效能感调节自尊在护理人员职场欺凌与心理健康间的中介作用[J]. 中华行为医学与脑科学杂志, 2017, 26(3): 262-265.

② BROTHERIDGE C M, LEE R T. Restless and confused: emotional responses to workplace bullying in men and women [J]. Career Development International, 2010, 15(7): 687-707.

③ LUTGEN-SANDVIK P. Intensive remedial identity work: responses to workplace bullying trauma and stigmatization [J]. Organization, 2008, 15(1): 97-119.

人的自我报告中[①]。

3.2.2　职场欺负的涟漪效应

3.2.2.1　职场欺负对旁观者身心健康的影响

根据社会互动理论,持续发生的职场欺负不仅对行为当事人双方有影响,而且还会通过社会互动过程影响与他们处于同一职场环境中的其他成员——职场欺负的旁观者。已有研究指出,旁观者虽然不是直接受害者,但目睹职场欺负或听到受欺负者诉说的遭遇并被告诫应避免与实施者接触,等等,也会对旁观者的身心健康造成不良影响。Rayner、Hoel 和 Cooper(2002)指出,职场欺负存在"波及效应"(ripple effect),70%目睹职场欺负事件的旁观者报告了压力体验;英国一项对公共部门 761 名工会成员的研究表明, 73%的旁观者报告了他们在职场欺负后的压力,并且 44%的受访者担心自己会成为下一个被欺负的目标(Rayner, 1999); Vartia(2001)也指出,与未报告职场欺负行为的调查对象相比,目睹职场欺负的调查对象报告了自己承担了更多的压力和有精神紧张反应; Emdad 等人(2012)通过对瑞士 4 家大型工业企业员工的调查研究发现,频繁目睹职场欺负与员工后续的抑郁症状密切相关,而且存在性别差异(在目睹职场欺负后的 18 个月里,女性旁观者比男性旁观者的抑郁症状明显); Hornstein (1996)指出,目睹同事被上级欺负会导致旁观者产生情感创伤,害怕自己成为下一个受欺负对象,因而可能会为了保护自己,放弃自主性,妥协于上级的控制,迎合上级的想法[②]。而 Houshmand 等人(2012)通过对加拿大 41 家医院的护士进行的调查研究指出,目睹同事受到欺负或仅仅听同事的倾诉,会令旁观者基于公正道义而产生共情,激发旁观者的道德愤怒[③]。

3.2.2.2　职场欺负对组织效能的影响

一方面,遭受职场欺负的员工大多报告了低水平的组织承诺、工作满意度、工作士

① RODRIGUEZ-MUNOZ A, MORENO-JIMENEZ B, VERGEL A I,et al. Posttraumatic symptoms among victims of workplace bullying: exploring gender differences and shattered assumptions [J]. Journal of Applied Social Psychology, 2010, 40 (10): 2616-2635.

② HORNSTEIN H A. Brutal bosses and their prey [M]. New York: Riverhead books , 1996 .

③ HOUSHMAND M, O'REILLY J, ROBINSON S, et al. Escaping bullying: the simultaneous impact of individual and unit-level bullying on turnover intentions [J]. Human Relations, 2012, 65(7): 901-918.

气和工作绩效水平以及故意缺勤、工作倦怠、创新潜能丧失、离职等问题。刘亮（2019）通过对酒店一线员工的调查，指出职场欺负行为感知与工作主动性存在显著负相关关系，工作焦虑在其中起完全中介作用①；李蕾（2017）通过对新生代员工的研究发现，职场欺负和关系绩效之间存在十分明显的负相关关系，工作满意度在其中起到一定的调节作用②；吴美连、张振杰、王秀菁（2017）以嘉义市、台南市与高雄市的公务人员为对象进行的实证研究发现，职场欺负显著负向影响幸福感③；李小卉（2018）的研究指出，职场人际欺负对任务绩效的影响通过员工的集体主义氛围感知和工作投入的多步多重中介效应发挥作用④。蔡礼彬和刘博（2017）以 20 家服务型企业一线员工为调研对象的研究指出，职场欺负行为对员工消极情绪的产生具有显著的正向影响，同时职场欺负也是员工破坏行为的诱因⑤；赵超越（2020）通过对石油化工企业员工的调查研究发现，职场欺凌显著负向预测员工的安全遵守行为⑥；杜恒波、朱千林和许衍凤（2017）通过对研发人员的研究发现，职场欺凌对该类人员的知识分享意愿有显著的负向影响，组织认同在其中起中介作用⑦；丰卫琳（2016）指出，职场欺凌行为对员工建言行为有负向预测作用，情绪智力在其中发挥负向调节作用⑧。

另一方面，处于职场欺负氛围中的旁观者也报告了较高水平的离职意愿；目睹职场欺负与员工的工作满意度和组织承诺之间存在负相关关系。根据社会学习理论，人们通过观察来获得或修正自己的行为。旁观者通过目睹职场欺负行为，可能学习到了如何成为不被欺负者，也可能学习到了如何欺负他人，成为实施者，从而使职场欺负产生升级效应，演变为群体欺负或职场暴力事件。

此外，一些组织还报告了因受欺负对象的身体健康问题而导致员工病假和医疗的

---

① 刘亮. 职场欺负行为对酒店一线员工工作主动性的影响研究[D]. 合肥：安徽大学, 2019.

② 李蕾. 新生代员工职场欺负对工作绩效的影响研究[D]. 武汉：湖北大学, 2017.

③ 吴美连, 张振杰, 王秀菁. 职场霸凌对员工幸福感之影响: 社会资本与心理资本的调节作用[J]. 人力资源管理学报, 2017, 17(2): 1-25.

④ 李小卉. 职场人际欺负对员工任务绩效的影响——基于多重中介效应模型的分析[J]. 经营与管理, 2018(5): 61-64.

⑤ 蔡礼彬, 刘博. 职场霸凌对员工破坏行为的影响: 消极情绪与心理复原力作用[J]. 心理技术与应用, 2017, 5(1): 1-11.

⑥ 赵超越. 职场欺凌与员工安全行为的关系——跨层次被中介的调节模型[D]. 济南：山东师范大学, 2020.

⑦ 杜恒波, 朱千林, 许衍凤. 职场欺凌对研发人员知识分享意愿的影响机制研究[J]. 中国软科学, 2017(2): 113-122.

⑧ 丰卫琳. 职场欺凌行为对员工建言行为的影响: 情绪智力的调节作用[D]. 重庆：西南政法大学, 2016.

成本增加及相应的员工健康计划和补偿条款方面的成本增加；因职场欺负导致的雇员流动频繁使组织的重新招聘、配置和培训新员工的成本增加。与此同时，职场欺负也影响了受欺负对象与同事和上级的人际关系，降低了团队协作性，进而可能影响到群体氛围和组织文化。

3.2.3　对职场欺负进行干预的现状

尽管上述职场欺负结果变量的研究较为明确地说明了职场欺负作为一种消极的人际行为，会对员工个体的身心健康以及组织的效能造成较大危害。但是，在实践中，各类组织对职场欺负行为的危害程度普遍存在“认识不足，重视程度也不够”的问题，这使得各类组织对职场欺负的干预意愿不足或干预措施形同虚设，未达到明显的干预效果。究其原因，主要体现在以下几方面。

3.2.3.1　忽略了对实施者的强化作用

虽然目前学术界对于职场欺负实施者的意图研究还未形成一致意见，但无论实施者最初是否意识到职场欺负的危害性，他（或她）都有充足的理由将这一行为持续下去，甚至变本加厉，进一步扩大其实施范围和程度。根据强化理论的逻辑，如果职场欺负的实施者对于欺负的危害性认识不足，同时其行为发生后，各方（包括组织最高领导、工会成员、同事）对此并没有采取任何行动，那么实施者就会得到自我强化，认为实施欺负行为本身并没有危害性。甚至会出现这样的情况，即组织中的各种力量向实施者提供一些“正向”反馈信息，比如欺负行为能够缓解工作压力和情绪负担等，那么对于实施者来说他们更会建立一种“合理化解释”，甚至以后会创造条件继续实施欺负行为。

Harvey、Treadway 和 Heames（2006）指出，当职场欺负实施者将自己的行为认为是被上级接纳或认可的时候，那么欺负行为的发生频率会增加。Hutchinson（2012）的研究也指出，实施者通过操控工作群体的方式对受欺负者进行较为隐蔽的欺负，使群体其他成员能够容忍，甚至结伙参与到欺负行为中，从而进一步扩大欺负的范围和程度。Ghosh、Jacobs 和 Reio（2011）以及 Namie（2003）也认为，职场欺负对欺负者的人格也产生影响[①],增加职场欺负者的自我效能感,甚至使其变得自负而具有攻击性人格的特质,这样的欺负行为会上升到更为恐怖的暴力行为。因此,必须从团队和群体的情境出发,分析职场欺负的产生和演化路径。

3.2.3.2 忽略了人力资源部门所发挥的作用

Lewis 和 Rayner(2003)通过对文献的回顾批判性地指出,人力资源管理职能在英国各类组织中的发展使得职场欺负被允许甚至被间接鼓励。人力资源管理人员为了维护雇主利益,使其避免被与职场欺负相关的法律制裁,通常不会公开、公平地处理职场欺负问题。而工会组织的缺失(或形同虚设)以及员工在参与管理中微弱的话语权,使得员工只能独自应对职场欺负或以换工作的方式寻求自我解决。

因此,近年来一些学者开始尝试探讨人力资源管理部门作为职场欺负干预措施的主要实施者所发挥的实际作用。比如, Salin(2008)以荷兰市政部门人力资源经理为调查对象,探讨了他们对各类职场欺负干预措施的使用频率和使用数量情况[②]。结果表明,人力资源部门在干预职场欺负方面,并未发挥很大的作用。人力资源经理最常采用的干预措施是制定书面的反欺负政策和提供与欺负相关的信息,而且政策的实施特别强调管理者和直接上级的作用。从调查对象提供的书面的反欺负政策可以看出,各类组织的反欺负政策几乎如出一辙,并非根据各组织自身需要和实际情况进行量身制定的,而且不论是对于受欺负者还是各部门的管理者,人力资源部门很少提供具体的支持和建议。受欺负者得到的建议是直接与其直线上级进行沟通,人力资源管理者也常将这类人员管理问题下放给各部门的直接管理者。然而已有研究表明,直接管理者往往正是欺负行为的实施者。人力资源管理者的这一做法无形中鼓励了放任型领导,并进一步强化了受欺负者的习得性无助感。Cowan(2012)也指出,受欺负者常会抱怨人力资源专业人员的不作为,甚至在他们向人力资源部门寻求帮助后,情况变得更糟了[③]。一些受欺者报告称,在向人力资源部门申诉受欺负的经历后,感觉受到了恶意中

---

① GHOSH R, JACOBS J L, REIO T G. The toxic continuum from incivility to violence: what can HRD do?[J]. Advances in Developing Human Resources, 2011, 13(1): 3-9.

② SALIN D. The prevention of workplace bullying as a question of human resource management: measures adopted and underlying organizational factors [J]. Scandinavian Journal of Management, 2008, 24(3): 221-231.

③ COWAN R L. It's complicated: defining workplace bullying from the human resource professional's perspective [J]. Management Communication Quarterly, 2012, 26(3): 377-403.

伤(二次受欺负体验)。一些人力资源管理者由于未获得证实,也没有相关的法律依据,仅凭过去经验进行判断,往往对欺负情境进行错误归因,将欺负归咎于受欺负者本身,认为受欺负者往往是出于对他人行为的误解而感到受欺负了,进而给予受欺负者不公正的批评。事实上,人力资源部门对于职场欺负行为的处理方式主要取决于其在组织中扮演的角色。组织战略伙伴的角色使得人力资源部门将职场欺负看作帮助组织保持生产力的一种竞争行为而非恶意欺负;同样,行政管理专家的角色也使得人力资源部门关注更宏观的组织流程与结果,而将职场欺负看作直线管理者应处理的问题,除非这一问题影响到整个组织。这样,人力资源部门可能对早期较轻微程度的欺负行为采取置之不理或观望的态度。这一点也在 Harrington、Rayner 和 Warren(2012)开展的一项实证研究中得到了证实[①]。该研究指出,受欺负者对人力资源部门起草的反欺负政策的信任水平低,并感到信任预期被违背,而且对人力资源管理者在处理职场欺负问题投诉时的应对方式感到不满。当欺负的实施者是直线管理者时,人力资源管理者认为职场欺负事件是烫手山芋,会威胁到他们与直线管理者的关系,因而他们往往优先考虑维系自身与直线管理者的业务合作关系,宁愿牺牲与员工之间的信任关系,也不把直线管理者的行为标签为欺负行为,而是自然而然地不信任员工对职场欺负所进行的投诉;相应地,员工将人力资源部门对待欺负问题的这种不作为看作人力资源部门对直线管理者的欺负行为姑息纵容或是与实施者同流合污,是职场欺负消极影响的延伸,进而降低对反欺负政策的预期以及对人力资源部门的信任。Harrington、Warren 和 Rayner(2013)通过对英国人力资源管理实践者的话语分析也表明,人力资源管理实践者常将员工投诉的管理者的职场欺负行为看作管理者进行合法的绩效管理行为,宁愿以牺牲员工信任为代价来维护组织利益[②]。

由此可见,人力资源部门在处理职场欺负问题时的出发点往往以组织利益最大化为前提,而不是雇员福祉(Ferris, 2009)。要想使人力资源部门成为干预欺负的重要力量,需要首先明确组织管理层对于欺负行为的立场和态度。然而,在实践中,职场欺负问题并未引起组织管理层的高度重视。

① HARRINGTON S, RAYNER C, WARREN S. Too hot to handle? Trust and human resource practitioners' implementation of anti-bullying policy [J]. Human Resource Management Journal, 2012, 22(4): 392-408.

② HARRINGTON S, WARREN S, RAYNER C. Human resource management practitioners responses to workplace bullying: Cycles of symbolic violence[J]. Organization, 2013, 22(3): 368-389.

3.2.3.3 未引起组织管理层的足够重视

Hutchinson（2012）指出，目前有关职场欺负的各种干预措施在实践中未发挥充分作用的主要原因在于，这些措施往往强调的是个体，而忽略了组织、雇佣关系和文化因素的重要性。这些措施实施的前提是：雇主和组织有意愿和能力对职场欺负行为进行干预。

在当前经济不景气的宏观形势下，雇主和组织面临激烈的竞争和高绩效的压力，为了实现产品和劳动力市场上的竞争优势，雇主和组织需要维持高绩效的工作状态。而对于擅长使用政治技能的领导者而言，职场欺负可作为一种管理绩效低下员工的战略手段，通过员工的优胜劣汰，有助于领导者和组织完成预期的绩效目标。因此，雇主和组织会对其干预职场欺负后的收益和成本进行权衡，进而做出有利于自身利益最大化的行动决策。

已有研究结果指出，影响雇主和组织做出上述决策的两个重要因素是其对高绩效的关注和员工在劳动力市场的竞争力。例如，Lewis 和 Rayner（2003）指出，由于一些直线管理者本身就是职场欺负的实施者，组织高层管理者很难让这些管理者将反欺负政策贯彻执行下去，若强制实施可能会使其管理权威受到质疑，从而使组织损失一名在业绩方面表现优秀的管理者（Skogstad，1997）。Beale 和 Hoel（2011）指出，当劳动力市场上稀缺的高技能、熟练工人遭受职场欺负时，雇主和组织往往会进行积极干预，以获得员工的高承诺和高留职率；当在劳动力市场上易被获得和替代的低技能员工遭受职场欺负时，雇主和组织往往希望通过职场欺负使其尽快离职，达到优胜劣汰的效果，因而可能会无视甚至鼓励职场欺负①。

由此可见，组织管理者对职场欺负问题的态度和立场（即组织管理者是否关心由职场欺负行为导致的员工身心健康问题，是否认为员工身心健康与生产力目标同等重要），在一定程度上影响职场欺负的形成和演化过程。

---

① BEALE D，HOEL H. Workplace bullying and the employment relationship: exploring questions of prevention, control and context[J]. Work, Employment and Society, 2011, 25(1): 5-18.

3.3 校园欺负干预方面的经验借鉴

早期关于校园欺负的研究指出,校园欺负的经历会或多或少地为后面的职场欺负经历埋下伏笔。而且国内外对于校园欺负的研究普遍早于职场欺负,已经从心理学逐渐拓展到教育学、社会学乃至公共卫生等诸多学术领域。有学者对近二三十年的研究文献进行综述后发现,全球范围内校园欺负行为的报告率发生了小幅度下降,主要归因于各种反校园欺负的干预方案的实施。事实上,反校园欺负的干预方案近几年来也由最初的只关注当事人双方的视角,逐渐扩展到欺负事件所涉及的各种类型的旁观者、成年监护人以及学校层面。因此,本研究认为,借鉴校园欺负干预方面已有成果或许有助于目前职场欺负干预效果的改善。

3.3.1 国内外有关校园欺负的干预措施

3.3.1.1 国外关于校园欺负的干预措施

自挪威学者 Olweus 领导全国性的反欺负运动以来,英国、美国、加拿大、西班牙、比利时等国家纷纷结合本国的实际情况,对校园欺负的干预进行了各具特色且卓有成效的校园欺负干预研究,形成了较为成熟的学校整体干预方案。

比如,在挪威和澳大利亚,国家具有处理欺负行为的义务,但是制定具体干预方法则由地方负责。在挪威,由首相签署的干预欺负行为的“宣言(Manifesto)计划”,将责任赋予了中央政府和一些相关机构,包括挪威地区行政协会、小学和初中的家长委员会、儿童教育和人权协会。澳大利亚则确定了关于建立一个安全的校园环境的国家框架,包括:①校园文化和政策问题;②侮辱和侵害的处理办法;③帮助受欺负者;④对工作人员、学生和家长进行培训。澳大利亚政府给学校投入资金的一个前提条件便是学校必须实施国家框架。

日本政府也高度重视中学校园欺负问题,并在30多年的探究过程中形成了一套较为系统的防治体系,不仅于2013年9月28日正式施行《校园欺负防止对策推进法》，严令禁止校园欺负行为，明确校园欺负防范对策的基本理念与关联者的责任关系，而且每年进行专项拨款，为防治校园欺负提供财政支持与物质保障。日本各都道府县的地方公共团体联合当地学校、教育委员会、儿童咨询中心、法务局、派出所以及其他教育相关机构，合作建立"校园欺负对策联络协议会"，制订学校内防治校园欺负的年度计划，监督、检验具体实施措施，评估学校防治校园欺负的基本方针是否符合学校实际情况。

与之类似，美国校园欺负预防干预措施的经验主要体现在：健全的法律体系和政策保障、科学的预防干预项目支撑、多方的社会力量积极参与以及有效的预防干预专业支持。比如，美国50个州出台了反欺负的法律，美国卫生与公共服务部专门建立了"停止欺负"网站，每年的10月为美国的"反欺负月"。并且早在1987年，美国国家学校安全中心就借助哈佛大学的研究力量，推出了"校园欺负实务工作坊"项目。

近几年来，在强调国家和学校整体干预的同时，国外学者越来越重视将校园欺负行为的旁观者纳入干预方案。比如，芬兰2006年在国内中小学校园推行了"以预防校园欺负为核心，以唤醒旁观者角色意识为重点"的预防校园欺负的KiVa项目。从另辟蹊径的"唤醒旁观者"，到寓教于乐的"电脑游戏模拟教学"，再到由专家团队指导的"干预流程"，KiVa项目不仅遵循儿童青少年身心发展规律，还体现了芬兰教育旨在提高学生幸福感和社交能力的理念，通过提高旁观者的同理心与责任感共同抵制校园欺负。

3.3.1.2　国内关于校园欺负的干预措施

2016年4月，国务院教育督导委员会办公室发布《关于开展校园欺凌专项治理的通知》，首次从国家层面提出对校园欺负进行专项治理的要求。2016年11月1日和2017年12月27日，教育部联合相关部门相继出台了《防治中小学生欺凌和暴力的指导意见》和《加强中小学生欺凌综合治理方案》，对校园欺凌的预防干预和综合治理提出了指导性意见和方案。2018年4月，国务院教育督导委员会办公室发布《关于开展中小学生欺凌防治落实年行动的通知》，明确提出要建立健全五级学生欺凌防治工作责任体系和制度体系。2020年10月17日，我国未成年人保护法修订案经十三届全国人大常委会第二十二次会议表决通过，该法于2021年

6 月 1 日起施行。新修订的未成年人保护法首次对学生欺凌进行了定义，并明确规定了学校应建立学生欺凌防控制度：学校应对教职员工、学生等开展防治学生欺凌的教育和培训；应及时制止和处理学生欺凌行为；应对相关未成年学生及时给予心理辅导、教育和引导，对相关未成年学生的父母或者其他监护人给予必要的家庭教育指导。这些充分体现了国家对校园安全的重视，同时也反映了防治校园欺凌的迫切性。

在学术研究方面，对校园欺凌现象的干预问题是近年来国内学术界关注的焦点。已有研究既对中外校园欺负的干预措施进行了广泛的比较研究，也从各学科视角为校园欺负的干预提供了学科路径①。比如，张丽娜（2016）从心理学视角分析了校园欺凌现象频发的心理原因，并认为校园欺凌现象的背后是不合理的情绪宣泄行为，因此，在学校心理健康教育中要引导学生合理宣泄情绪②。朱彦蓉（2017）从协同治理的角度，提出司法机关、社会、学校和家庭“多管齐下”，构筑一条“协同治理防线”，建立以教师、校内安全监察员、校外安全监察员和家长等为一体的防欺负“安全链”，将欺负实施者隔离在“安全链”之外，将受害者损失降到最低③。还有学者从法学角度，提出要严肃追究法律责任，细化校园安全法治教育，创建校园安全法定防卫体系，确立学校的安全保护义务④，同时应建立惩治校园欺凌的法律机制，建立欺凌信息的收集机制，建立科学的调查处理程序，赋予学校必要的处置权⑤。

3.3.2　校园欺负干预方面的启示

3.3.2.1　校园欺负干预措施的特点

从干预对象来看，大多数干预方案是针对欺负者或受欺负者的心理与行为问题而实施的个别干预方案，比如冲突解决课程、社交技巧训练（吴竞，2016）⑥、情绪控制能力训练、自信心训练课程（张文新等，2008）⑦。而有些基于社会心态系统的综合性干预

① 刘於清. 国内校园欺凌研究: 十年回溯与展望[J]. 教育探索, 2018 (2): 10-16.

② 张丽娜. 从“校园欺凌”现象频发看学校心理健康教育的重要性[J]. 教育与装备研究, 2016,32(8): 33-36.

③ 朱彦蓉. 中小学校园欺凌治理的现实困境与路径选择[J]. 陕西学前师范学院学报, 2017, 33(8): .35-39, 44.

④ 王静. 校园欺凌和校园暴力治理法治化探析[J]. 河北工业大学学报（社会科学版）, 2016, 8(4): 41-47.

⑤ 江水长. 建立惩治校园欺凌的法律机制[J]. 中国德育, 2016 (6): 32-35.

⑥ 吴竞. 小学校园霸凌行为调查及干预研究[D]. 呼和浩特：内蒙古师范大学, 2016.

⑦ 张文新, 鞠玉翠. 小学生欺负问题的干预研究[J]. 教育研究, 2008, 29(2): 95-99.

方案则包含班级的全部学生、教师以及家长。比如：芬兰的Kiva项目重视同伴支持在校园欺负干预中的重要作用；荷兰家长联合协会与学校就欺负问题达成了家校联合协议[①]。

从干预主体来看，基于社会生态系统的框架，提倡充分发挥学校、家庭和社区等多元主体的作用，实施协同治理，具体体现在以下三个方面。①从国家和政府层面的立法和法规入手进行干预，如挪威、澳大利亚、日本、美国和中国等。②鼓励社区参与的干预措施。比如：加拿大通过鼓励市政官员、商业领袖和社区组织的成员与学校的工作人员、学生和家长相互协作，构建安全的相互关心的学习型社区，来共同培养孩子的适应性和责任感；美国由印第安纳波利斯儿童博物馆创办"站起来反对欺负"的主题教育活动[②]。③强调学校整体参与的干预方案。比如：挪威学者Olweus提出的OBPP项目、芬兰学者Salmivalli提出的Kiva项目等。尤其近年来，有关儿童欺负行为的多个干预研究和系统综述均表明，基于学校的多层次干预获得的效果较好。建立并实施严明的校园反欺负政策，加强营造整洁、舒适、安全的校园环境，以及人人平等、相互关爱的校园氛围，已成为反欺负的重要建议。如何通过营造良好的校园氛围，预防和减少校园欺负，正成为世界范围内反欺负研究领域的主题。

从干预的内容来看，主要强调以下三个方面。①从法律的高度出发，保证青少年学生的健康成长，不断推进依法治校，提高法制意识，严格执行法律规章，制定规范的处置程序，充分保护学生的学习权等基本权利。②优化教育教学内容，强化学校德育教育的方式变革。加强中小学生的思想道德教育、法律法规教育、校纪校规教育和心理健康教育，旨在建立促进学生德智体美等各个方面全面发展并且能够有效防范校园欺负的长效机制。③严格学校日常安全管理，建立对校园欺负事件早期预警、事中处理及事后干预的联动机制，分层分类、对症下药，并且综合施策、协同治理。

3.3.2.2 职场欺负干预未来可借鉴之处

结合校园欺负干预方面的成功经验，借鉴国际上一些政府和组织采取的相关政策和措施，本研究认为，未来可从以下方面着手应对职场欺负问题。

---

① 周华珍，何子丹. 关于国外校园欺负行为的干预经验研究及其启示[J]. 中国青年研究，2009(8)：5-8.

② 钟玲. 美国"站起来反对霸凌"教育活动及我国校园霸凌预防策略[J]. 现代中小学教育，2016,32(5)：119-122.

1. 加强法律方面的规范

鉴于瑞典、法国、加拿大、澳大利亚、爱尔兰、英国和韩国等国已颁布了与职场欺负相关的法律，我国可在劳动者合法权益保障的内容中，强调用人单位对于员工身心健康的重视，在增强对受欺负者的法律保护的同时，增加职场欺负行为实施者的违法成本，以及组织不作为的连带责任。

2. 充分发挥人力资源管理部门的作用

鉴于职场欺负实施者和旁观者往往不知道职场欺负事件的严重性，组织人力资源管理部门可以通过教育培训的方式，让组织上下均对职场欺负的危害性加深了解，同时通过教育培训强调彼此尊重与合作的价值观，加强共情、职场冲突管理与工作压力应对技巧方面的培训，等等。此外，人力资源管理部门还可以通过制定明确的反欺负政策和有效的欺负投诉处理程序、提供咨询和员工援助服务、进行有关职场欺负氛围的调查等方式，向员工传递积极作为的形象。

3. 重视组织软环境的搭建

无论从国家立法还是从组织制度规定和工作设计等方面对职场欺负进行干预，均属于“硬件”环境干预，而现实的一些职场欺负事件中，管理者本身就是职场欺负的实施者。Lee、Lim 和 Heath（2021）的研究表明，领导-成员关系质量显著影响员工应对职场欺负行为时的默许、退出和报复策略的使用；Annor 和 Amponsah-Tawiah（2020）的研究指出，在处理职场欺负问题时，依赖个人的资源（如心理弹性）可能会适得其反，应强调企业有必要采取措施，更好地保护员工免受职场欺负。Olser（2021）也建议组织通过建立一套更有效的政策和程序来干预职场欺负，具体包括建立相互尊重的企业文化，让领导者负责促进这种文化的传播，并教导员工。因此，本研究认为，要想从根本上解决职场欺负问题，还需要进一步从管理者的理念、员工共享的社会心理安全氛围以及团队的情绪基调等“软件”环境入手。

3.4　社会心理安全氛围对职场欺负的影响

从前述已有的关于职场欺负的影响机制及其干预情况的相关研究成果和校园欺

负干预方面的借鉴经验均可以看出，对于职场欺负的研究需要进一步关注团队层面的群体动力机制，并从超越个体的团队和组织视角进行干预。只有管理层关心由职场欺负行为带来的员工身心健康问题，并将员工身心健康与生产力目标视为同等重要的，才能从根本上减少职场欺负行为的重复发生。

3.4.1 社会心理安全氛围提出的背景

在过去几十年里大多数发达国家经历了重大的工作与职场变革，组织的结构趋于扁平化，许多职能和工作被外包出去，职场关系以"雇佣条件的个性化、第三方组织（如工会和法律仲裁机构）的作用减弱以及直线管理层的特权增加"为主要特征，员工的工作安全性以及在劳动关系中的话语权逐渐减弱。这些变化无形中增加了员工的工作压力，进而导致与压力相关的员工心理健康风险越来越高以及由此带来的缺勤、工作效率下降等问题越来越突出，一些国家（如澳大利亚、比利时、荷兰、丹麦和瑞典）的职业健康与安全立法明确要求雇主对可能导致员工工作压力增加的心理风险因素进行有效的防范与控制。

然而，已有的关于工作压力的文献存在的一个问题是，研究识别了与工作本身特征相关的压力源，但干预措施却主要关注个体因素。比如，工作要求-资源模型在解释工作压力作用机制时主要侧重于强调工作设计方面，即个体层面对工作特征因素的感知，而忽视了组织因素的影响。员工处在多样化的职场环境中，无论是组织外部环境，还是组织内部的工作环境，都会影响员工的心理健康。除工作设计本身的因素外，组织因素也会导致员工工作压力的增加。因此，一些研究建议应超越个体层面，采用多层次研究框架从多个层面对工作压力过程进行解释。

此外，现有关于组织氛围的研究由于缺乏明确的预测结果，使用了广泛的氛围结构，使得围绕该领域的研究成果较为繁杂，难以进行整合研究。Schneider（2000）提出要将氛围的测量根据其预测结果的不同进行具体细化，例如，服务导向氛围、创新氛围和安全氛围等。其中，安全氛围表示员工对有关工作安全、劳动保护的组织政策、规章制度以及行为实践价值的共同感知。然而，从Zohar（1980）首次提出这一概念以来[①]，对于该领域结果变量的探讨主要集中于工作过

① ZOHAR D. Safety climate in industrial organizations: the oretical and applied implications[J]. Journal of Applied Psychology, 1980, 65(1): 96-102.

程中发生的工伤事故、生理伤害等，而较少涉及工作压力、职业倦怠等心理安全与健康问题。

因此，Dollard和Karasek(2010)基于上述背景，提出了一个有益于员工身心健康的生产力模型，强调生产力目标与员工的心理健康同等重要。如果管理层关注生产力目标与员工心理健康的平衡，那么可以认为工作环境是平衡的，因为工作要求是可控的，工作资源是充足的。在这一模型中，他们提出了社会心理安全氛围这一概念，用于说明组织的系统、政策、程序和实践应该能够反映生产力目标与员工心理健康的平衡。社会心理安全氛围概念的提出将上述彼此独立的工作压力与组织氛围研究进行了系统的整合和拓展，从组织层面强调高层管理者应该将员工心理与健康视为与生产力同等重要的管理目标，通过有效的工作设计确定合理的、有利于员工身心健康的工作系统，制定与保护员工心理安全目标一致的政策、规程，并保证在组织各个层面的贯彻实施。同时，社会心理安全氛围作为组织安全氛围的一个特定方面，属于组织或群体变量，其结果直接与工作压力、职业倦怠感、心理健康等心理安全要素挂钩，弥补了从组织氛围视角解释员工心理健康与安全研究和应用的不足。

3.4.2 社会心理安全氛围的内涵

社会心理安全氛围(Psychosocial Safety Climate, PSC)指员工对组织是否重视员工工作过程中与心理健康和安全相关的政策、规程和行为实践的共同感知。其核心是强调组织高层管理者对员工心理健康目标的重视与承诺以及对员工在工作过程中心理健康与安全的态度、行为实践。它的核心内涵强调以下四个维度的特征要素。

一是高层管理者的支持和承诺。它反映了员工在遭受心理健康风险的情境下，高层管理者是否迅速做出反应并采取相关措施预防或制止员工心理压力增加和心理伤害情况的发生。

二是心理健康目标的重要性和优先性。它反映了管理者在多目标情境尤其是多目标冲突情境下对员工心理健康目标的承诺和重视程度。基于安全氛围的相关研究，组织真正重视和承诺的目标反映相应的组织氛围水平。因此，心理健康目标的重要性和优先性反映组织PSC水平。

三是组织内沟通机制。它反映了组织自上而下与员工沟通交流和员工心理健康相关问题的程度，同样也反映了员工为消除或减少工作中的心理健康障碍自下而上沟通所做的努力和贡献。

四是组织卷入与组织参与。它反映了组织各层级利益相关者（员工、管理者、工会等）参与到和员工工作过程相关的心理健康问题的识别、解决过程。

3.4.3 社会心理安全氛围的相关研究及其与职场欺负的关系

3.4.3.1 社会心理安全氛围的相关研究

如前所述，社会心理安全氛围提出的背景之一是对现有的工作要求-资源模型进行了扩展，因此目前社会心理安全氛围的相关研究也主要集中在探讨社会心理安全氛围与该模型中涉及的相关变量之间的关系。这些研究从大体上形成了较为一致的结论：社会心理安全氛围与工作要求（如情感要求、工作负担等）负相关，与工作资源（如社会支持、工作控制等）正相关。其中，Dollard 和 Bakker（2010）在对澳大利亚 18 所学校的 209 名员工进行的调查研究中指出，社会心理安全氛围作为一种有价值的组织资源，可以减少工作要求（工作压力和情感要求）对员工的心理健康（心理苦恼、情绪枯竭）的负向影响；同时在社会心理安全氛围水平较高的组织中，个体体验到工作资源（控制感）的增加，进而对工作投入产生正向影响[①]；Idris 等人（2012）通过对澳大利亚和马来西亚样本的比较研究发现，两国对于社会心理安全氛围的重视程度均等同于身体安全氛围，且社会心理安全氛围通过工作要求的中介作用对员工心理健康问题产生影响[②]；Dollard 等人（2012）通过对 23 个警察局人员的调查发现，社会心理安全氛围作为组织资源，能够调节工作要求-资源模型在预测工作群体沮丧中的交互作用，即只有在高水平的社会心理安全氛围环境中，高水平的情绪资源才可以调节情绪要求与工作群体沮丧之间的关系[③]；Hall 等人（2013）验证了社会心理安全氛围在工作要求对员工抑郁和积极组织行为的影响过程中所发挥

① DOLLARD M F, BAKKER A B. Psychosocial safety climate as a precursor to conducive work environments, psychological health problems, and employee engagement [J]. Journal of Occupational and Organizational Psychology, 2010, 83(3): 579-599.

② IDRIS M A, DOLLARD M F, COWARD J, et al. Psychosocial safety climate: conceptual distinctiveness and effect on job demands and worker psychological health [J]. Safety Science, 2012, 50: 19-28.

③ DOLLARD M F, OPIEA T, LENTHALL S, et al. Psychosocial safety climate as an antecedent of work characteristics and psychological strain: A multilevel model [J]. Work & Stress, 2012, 26(4): 385-404.

的缓冲作用①。

3.4.3.2 社会心理安全氛围与职场欺负的关系

早期关于职场欺负的研究较多出现在有关职业安全与健康领域的文献中，以社会心理学和人权关注作为主要的研究取向，关注实施者和受欺负者双方当事人的心理特征及受欺负者身心健康受到的影响。作为职场欺负行为研究的先行者，Leymann（1996）认为，人格特征对欺负行为的影响并不明显，不良的工作环境才是职场欺负发生的根本原因。而工作环境又可分为物理环境和心理环境两个方面，社会心理安全氛围属于工作场所中心理环境的重要内容，而且是格外关注员工心理安全与健康的变量。因而社会心理安全氛围与影响员工心理健康的职场欺负行为之间应该具有一定的关联性。

因此，作为社会心理安全氛围概念的提出者，Dollard 及其研究团队的成员对社会心理安全氛围与职场欺负的关系进行了一系列探索性研究。

Bond、Tuckey 和 Dollard（2010）通过对来自澳大利亚 22 个警察局的 139 名被试者进行的调查研究指出，社会心理安全氛围与职场欺负的发生率负相关，并在职场欺负与创伤后应激障碍之间起调节作用②。之所以选择警察作为被试者，是因为警察局具有以下特征：清晰的等级结构；权威式的管理风格；关注于角色和等级的重要性；男性主导的文化。而这些组织特征在一定程度上加剧了权力的不均衡性。

Law 等人（2011）通过对 30 个组织的 220 名员工的调查发现，社会心理安全氛围与职场欺负行为及其相应的心理健康问题均存在负相关关系，同时作为一种组织资源，社会心理安全氛围在职场欺负行为与员工心理健康问题以及职场欺负行为与员工投入之间均起调节作用③。

结合上述研究和第二章涉及的职场欺负的产生路径及理论模型，本研究认为，社

① HALL G B, DOLLARD M F, WINEFIELD A H, et al. Psychosocial safety climate buffers effects of job demands on depression and positive organizational behaviors [J]. Anxiety, Stress & Coping, 2013, 26(4): 355-377.

② BOND S A, TUCKEY M R, DOLLARD M F. Psychosocial safety climate, workplace bullying, and symptoms of posttraumatic stress [J]. Organization Development Journal, 2010, 28(1): 37-56.

③ LAW R, DOLLARD M F, TUCKEY M R, et al. Psychosocial safety climate as a lead indicator of workplace bullying and harassment, job resources, psychological health and employee engagement [J]. Accident Analysis & Prevention, 2011, 43(5): 1782-1793.

会心理安全氛围是引发职场欺负行为的一个重要前因变量。如果组织未对职场欺负行为进行及时的制止或者未对有关职场欺负行为的抱怨和投诉做出反应,那么实施者会得到正向强化,变得变本加厉、有恃无恐,受欺负者会感到习得性无助,最终导致职场欺负行为被制度化。而社会心理安全氛围水平高的组织由于高层管理者重视员工心理安全健康问题,通过承诺、沟通和参与的方式,向员工传递一种安全信号,在一定程度上能对危害员工身心健康的职场欺负行为起到一定的预防作用,并对已出现的该类行为进行有效的干预,从而减少其重复发生的概率。

根据 Salin(2003)提出的理论模型,职场欺负行为的产生是隐患因素、动机因素和诱发因素这三方面组织因素共同刺激的结果。而社会心理安全氛围作为更高层面的组织因素,可以通过消除隐患因素、抑制动机因素和预警诱发因素达到对职场欺负行为进行干预的效果。

首先,社会心理安全氛围可以消除隐患因素。在社会心理安全氛围水平较高的组织中,高层管理者鼓励员工参与决策(尤其是涉及员工身心健康方面的决策),并且做出承诺会采取行动预防职场欺负行为的发生,对已发生的职场欺负行为会在其升级前进行有效的干预。此外,高层管理者对员工身心健康的重视使得员工能够自由地投诉危害其身心健康的事件,并通过相应的流程和机制处理这些事件。这样员工有较大的参与决策权和工作控制权,使得权力不均衡性降至最低,员工不会对管理层或组织氛围感到不满和沮丧,进而消除了职场欺负行为的隐患因素。

其次,社会心理安全氛围可以抑制动机因素。在社会心理安全氛围水平较高的组织中,不会存在刺激职场欺负行为的竞争或奖励机制,因为其有损员工的身心健康。这样实施职场欺负行为的感知回报就会变少,从而抑制了实施者实施该行为的动机。

最后,社会心理安全氛围可以预警诱发因素。在社会心理安全氛围水平较高的组织中,类似组织变革等诱发职场欺负的事件所带来的内部竞争和工作不安全性会提前告知员工,并且员工有机会通过参与决策来表达观点,并保护自己的身心健康,从而降低诱发职场欺负行为的可能性。

已有的关于社会心理安全氛围的研究主要基于西方文化的情境,目前尚没有针对中国文化情境下的相关研究。因此,对社会心理安全氛围影响职场欺负行为的作用机制进行本土化验证,并开展不同文化背景下模型的比较研究显得尤为重要。因为在中国文化崇尚权力距离的影响下，组织管理者的立场和态度对组织内工作特征的设计、政策和制度的制定以及员工心理健康的影响可能更大。作为组织层面的变量，社会心理安全氛围传达了一种安全信号，即组织高层管理者对员工心理健康的重视程度，这对于中国组织中职场欺负行为的影响可能更突出。

第4章 问卷设计与类型检验

量表的价值取决于其信度与效度，现有的成型量表一般具有较高的信度和效度。然而心理学的大部分概念与个体的自我认知有较高的相关性。Markus 和 Kitayama（1991）等的研究也证实，文化差异对人的情感、认知等都有很大的影响。因此，在社会心理安全氛围、职场欺负等问题的测量中不可避免地要对已有的较高信度和效度的问卷进行修正。本章重点采用问卷设计的规范性步骤，修订并编制社会心理安全氛围、职场欺负等测量问卷，为后续的实证检验奠定基础。

4.1 问卷设计的目的与程序

4.1.1 问卷设计的目的

实证研究的目的是将一种基于理论的描述转变成一个可以验证的假设命题，这就需要通过观测变量，对变量之间的关系进行直观的、量化的推断。而测量的目的就是要根据理论将概念具体化、聚焦化，形成合适的测量指标。在这一过程中需要研究者在文献综述的基础上，明确目标概念的理论边界，并以此为基础发展出与之相匹配的测量条目。

本研究所涉及的社会心理安全氛围、职场欺负、团队认同、团队情绪等变量，已经有成熟的测量方法。但需要说明的是，目前社会心理安全氛围和职场欺负两个变量的测量方法（尤其是测试问卷）具有明显的西方文化特征，不能直接应用于跨文化研究，因而需要基于中国国情对其测量的适用性进行进一步验证。同时一个理论构念（或称之为概念）存在测量层次问题，比如情绪分为个人情绪和团队情绪（也称团队情绪基调）。研究必须明确变量是通过什么测试题目测试出来的，又是通过什么样的方法计算出来的。本研究主要变量的概念层次和测量方法如表 4.1 所示。

表 4.1　本研究主要变量的构念层次和测量方法

变　量	构念层次	测量方法
职场欺负	个人层次	本研究综合 Einarsen、Hoel 和 Notelaers（2009）的负性行为问卷修订版（NAQ-R），蒋奖、董娇和王荣（2011）的 NAQ-R 中文版和李永鑫等（2011）的 NAQ-R 中文版，通过开放式问卷调查和访谈，对相关问题进行了修改和调整。同时用 AMOS 21.0 对变量做信度和效度检验
社会心理安全氛围	团队（部门层次）	本研究针对 Hall 等（2010）开发的包含 12 个题目的 PSC 量表（英文版），采用"直接翻译法"，同时将中文再回译成英文，并进行调整，实现语意对等性。本研究用 AMOS 21.0 对变量进行信度和效度检验，在测量个体层次后将其聚合到群体层次
团队情绪	团队（部门层次）	本研究以 Watson（1988）的 PANAS 量表为基础，采用邱林等人（2008）的 PANAS 量表中文版，该量表具有较高的信度和效度，无须再做检验，因此本研究不再编制预试问卷。本研究将个人情绪聚合到群体层次，形成团队情绪
团队认同	个人层次	本研究采用 Mael 和 Ashforth（1992）开发的 6 题项量表。该量表中文版的信度和效度较高，无须再做检验

资料来源：本研究整理编制。

4.1.2　问卷设计程序

根据实证研究过程，本研究将预试问卷的编制流程（如图 4.1 所示）分为以下几步。

（1）构念（概念）说明。一个好的构念说明明确了构念的理论边界和核心特征。正如梁建（2008）所说，好的构念要明确所测量的构念与其他类似构念的差别，同时能够清晰地说明构念的层次，并明确它的内容组成。

（2）产生测试条目，形成预试问卷。该步骤分为归纳法和演绎法，归纳法适用于研究者对问题知之甚少，没有渠道形成该变量的测度；演绎法则通过文献的回顾、总结从而生成问卷。如前所述，本研究涉及的变量均有较成熟的测量方法，但需要结合中国文化背景，通过开放式问卷调查和访谈等方法，进一步修订相关测试条目。在该步骤中，本研究中涉及的变量主要是职场欺负和社会心理安全氛围，情绪和认同的测度（中文版）较成熟，因此并不在此步骤中。

（3）预测试与检验。预测试与检验主要借助结构方程模型或其他统计模型，进行问卷预试、信度检验、内容结构检验和类型构成检验，从而判断测试条目的有效性。因为职场欺负和社会心理安全氛围是在西方问卷基础上形成的，并且没有进行大范围的条目修改，所以无须再另行构念效度分析[①]。

（4）形成正式问卷。在形成正式问卷时，需要对之前的信度、内容结构、类型构成等检验结果进行判断和分析，进而对测试题目进行讨论，以形成正式问卷。

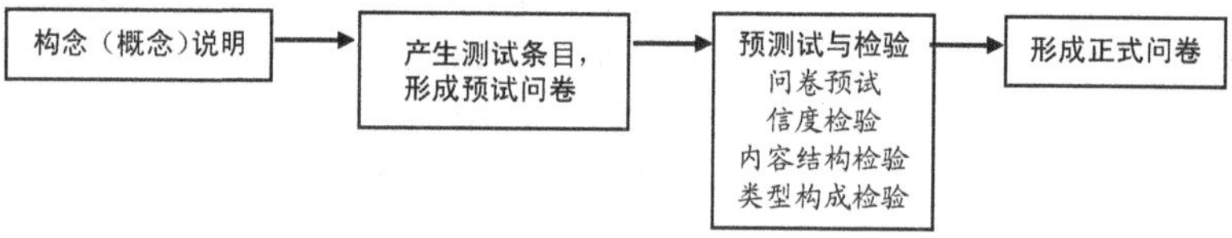

图 4.1　预试问卷编制流程

资料来源：本研究设计。

4.2　概念说明与预试问卷编制

4.2.1　职场欺负的界定与测量

4.2.1.1　职场欺负的界定及构念层次

职场欺负是指在现实工作场所中，在相当长的一段时间内（一般大于三个月），处于权力强势地位的一个（或一组）人对处于权力弱势地位的一个（或一组）人，实施有意图的、持续的、口头或非口头的攻击行为，致使受欺负者遭受身心伤害而无法反抗。由前文的文献回顾可知，在职场欺负的界定中，虽然消极和有害的行为是欺负行为的概念特征，但欺负行为概念的核心特征并不是行为本身的性质，而是经验的持久性。即欺负是进化和升级的敌意工作关系，而不是离散和片段性事件。因此测量职场欺负

① 构念效度是指测试内容在多大程度上反映或代表了研究者所要测量的构念（Haynes 等，1995），在以下三种情况下，构念效度可能会受到破坏：①包含了一些无关的指标（测量污染）；②遗漏了在构念边界中的指标；③不同测度条目和成分对测验结果的影响。

的核心是测量欺负行为的重复性（频率）、持续时间（一段时间）和模式（一种行为涉及的）（Einarsen，2003）。因此对测试条目采用 Likert 五分维度，以从未如此、很少如此、偶尔如此、经常如此和总是如此来区分。

对构念的定义和说明决定了测量的层次，职场欺负是一个人或一组人长期受到欺负的现实，它可能存在于个体层次，也可能存在于群体层次，但较少存在于组织层次。在本研究中，我们将其界定在个体层次，即个人在工作场所中遭受身心伤害的一种长期感知。

4.2.1.2　职场欺负的测量

职场欺负常用的自陈式测量工具有两种：LIPT（Leymann Inventory of Psychological Terror）和 NAQ（Negative Acts Questionnaire）。由于在使用时 NAQ 问卷的有效性越来越高，其使用范围也越来越广。本研究利用 SAGE 和 CNKI 等数据库，对职场欺负的相关文献进行了搜索，同时对不同职场欺负的概念、测量条目等做了详尽的分析。根据文献回顾可知，最初的 NAQ 问卷为 23 个测试条目（Einarsen & Raknes，1997；Mikkelsen & Einarsen，2001），后来出现 29 个测试条目的 NAQ 问卷（Hoel，Cooper & Faragher，2001；Hoel，Cooper & Faragher，2004），以及 22 个测试条目的 NAQ-R 问卷（Einarsen & Hoel，2001；Nielsen et al，2008）和 2009 年重新修订的 NAQ-R 问卷（Einarsen & Hoel，2009）。Einarsen 和 Hoel（2009）对最新版 NAQ-R 问卷进行修订和检验，其目的在于形成简化和简洁化表述的测量条目，以适用于不同的文化环境，同时对不同群体的测量有更高的区分度。

荀洪景、刘化侠和田芝丽（2012）将 NAQ-R 问卷翻译成中文并对中文版问卷的信度、效度进行了初步检验。研究结果显示，NAQ-R 问卷中文版具有良好的信度和效度，因此该问卷可用于中国职场欺负行为的测量。蒋奖、董娇和王荣（2011）在中文版 NAQ-R 问卷的基础上形成了适应于中国文化的职场欺负问卷。该问卷共 20 个题目，包括“与工作相关的欺负（11 道题）”和“与人际相关的欺负”（9 道题）这两个维度，删除了与“身体暴力”有关的两个题目，原因是在现行法律法规下直接的“身体暴力”方面的职场欺负较少，同时修改了 5 道关于“工作不公平”的问题和 5 道有关“丢面子”的问题。李永鑫（2011）在中文版 NAQ-R 问卷的基础上，从受欺负者角度，重新修订了在中国文化背景下职场欺负的三个因素（未涉及人际关系方面，均侧重工作方面），包括人身攻击、工作压制和社会排斥。

4.2.1.3 本研究对职场欺负的开放式调查和访谈

本研究通过开放式问卷对职场欺负进行了调查，调查对象为在职的 20 个 MBA 学员，请他们就以下问题做解答。您听说过职场欺负行为吗？能否谈谈您对这类行为的理解？比如，您认为职场欺负行为大致上分为几类，一般有哪些特点，等等。

研究者同时将中文版 NAQ-R 问卷分别给其中 8 名 MBA 学员进行阅读，询问并记录他们认为哪些项目和表述并不能视作职场欺负。通过开放式调查和访谈，对于职场欺负的认识、定义和分类总结如下。

（1）20 名在职 MBA 学员，都将“受排挤”“受冷遇”“不公平待遇”等视为职场欺负的重要表现。这一调查结果在访谈中也得到了印证，以下是一个受访者的访谈记录。

“因为我入职时间较短，那些老人都坐享其成，我却被委以苦活、脏活、累活，但相应的收入却少得可怜，或者说与那些老人根本没法比。领导还给我发一些心灵鸡汤的微信，看过后我只能一笑了之。我感觉在这种文化氛围下，我的心情非常低落，受伤的总是我。”

基于这样的调查和访谈结果可以看到，西方文化价值观强调“能力价值观”和个人努力/投入比值，因此公平感知是基于工作产生的。而在中国文化价值观下公平感知更多是基于组织内人际关系产生的，所以公平感知被赋予了欺负内涵，这在蒋奖、董娇和王荣（2011）的研究中也得到了体现。因此，本研究在测试中对问题的表述，都做了相应的“公平感知”的描述。

（2）身体暴力、语言暴力（比如谩骂）、批评和指责等很少被看作职场欺负。这一调查结果在访谈中也得到了印证，针对原版 NAQ-R 问卷中文版中出现的指责和批评等项目，很多受访者提到不能算作欺负，甚至有两个受访者认为这本身应该被看作“对你的重视”。以下是一个受访者的访谈记录。

“批评和谩骂问题分为两种情况：一种情况是嫉妒行为，不能算作欺负行为，很多同事在背后骂我其实是嫉妒我晋升比他们快，他们的行为在我看来算不上欺负，因为我根本不在乎，也对我构成不了伤害；另一种情况是你的领导或团队成员骂你，这可以看作是好事，因为当你不是领导的下属或团队成员的一分子时，或许人家就不骂你了，怕得罪你，只有跟你关系好的人才会骂你，所以这不构成欺负。不过在现实中确实有无端的指责和谩骂，但发生的概率不大，不能算作你定义的长期欺负行为。”

领导者-成员交换理论（Leader-member Exchange Theory，LMX）指出，领导者和下属的关系分为两种类型，即小部分人和领导的高质量交换关系和大部分人和领导的低质量交换关系。实际上这小部分人除了能够获得相应的待遇之外，他们也可能会成为领导者批评的对象，但是他们认为批评不是欺负行为，甚至认为批评要比忽视强得多。因为批评一般说明领导并没有对你置之不理，相反，可能是“恨铁不成钢”，是对自己人“爱之深，责之切”的一种表现。基于此，本研究删除了与此相关的题目。同时借鉴李永鑫（2011）在社会排斥角度增加了相应的题目。

（3）关于“没面子”的表述也是职场欺负的结果。在 20 份调查问卷中，“难堪”字样出现了 15 次，“开涮”字样出现了 9 次。在中国文化背景下中国人比较重视“面子”，研究表明面子兼具认知、情感和行为三个层面的特性，受欺负者最大的心理伤害通过面子能够得到较好的诠释。因此，本研究问卷增加了与面子相关的词汇的表述，比如难堪、开涮、嘲笑等。

4.2.1.4 最终测试条目的形成

根据访谈结果，并综合 NAQ-R 问卷，蒋奖、董娇和王荣（2011）和李永鑫等（2011）的问卷，形成本研究对职场欺负的测试条目（表 4.2）。

表 4.2 本研究对职场欺负的测试条目

测试条目	测试条目来源
1. 有人拿我开涮或制造恶作剧，使我难堪	原版 NAQ-R 第 15 题，蒋奖、董娇和王荣（2011）第 7 题和本研究开放式问卷
2. 我遭到他人口头威胁（如指手画脚）	原版 NAQ-R 第 9 题
3. 有人在工作场所散播我的流言蜚语	原版 NAQ-R 第 5 题
4. 有人对我进行暴力威胁或身体侵犯	原版 NAQ-R 第 22 题
5. 我遭到他人过分的挖苦和嘲笑	原版 NAQ-R 第 20 题
6. 因习惯、背景和缺陷而受到他人戏弄	原版 NAQ-R 第 1 题，同时体现在中国文化下“重面子”的表述，取代原先的“攻击”
7. 有人总是拿我当出气筒	原版 NAQ-R 第 8 题，删去“叫嚷”等描述

续表

测试条目	测试条目来源
8. 我总被无缘无故地要求加班，或下班时给我分配一些烦琐的工作	原版 NAQ-R 第 4 题，蒋奖、董娇和王荣（2011）第 21 题
9. 我的核心工作权责被剥夺，取而代之的是无价值工作	原版 NAQ-R 第 4 题，李永鑫等（2011）第 11 题
10. 有人总向主管或领导打我的小报告	蒋奖、董娇和王荣（2011）第 23 题和本研究开放式问卷
11. 我工作时被过度监控，自由度太低	原版 NAQ-R 第 18 题
12. 我总被分配些苦活、脏活和累活	本研究开放式问卷
13. 迫于工作压力，我不能享受应有权利（比如假期）	原版 NAQ-R 第 19 题
14. 有人故意给我制造工作障碍（如使绊子），影响我的业绩表现	本研究开放式问卷
15. 有人阻止我获得应有的奖励和晋升机会	李永鑫等（2011）第 13 题，蒋奖、董娇和王荣（2011）第 28 题
16. 我的工作业绩总是被别人取代或忽视，而我忍气吞声	原版 NAQ-R 第 1 题和本研究开放式问卷
17. 本部门很多集体活动（如聚餐、旅游）不邀请我	蒋奖、董娇和王荣（2011）第 36 题和本研究开放式问卷
18. 我有工作问题向同事或领导求助时，有时得不到回应	本研究开放式问卷

资料来源：作者整理编制。

4.2.2 社会心理安全氛围的测量

4.2.2.1 社会心理安全氛围的界定

社会心理安全氛围（Psychosocial Safety Climate，PSC）指员工对所在组织管理是否重视在工作过程中与其心理健康相关的政策、规程和行为实践的共同感知（Dollard 和 Karasek，2010）。

现有研究对于安全氛围的界定侧重于身体安全方面，认为其是员工对有关工作安全、劳动保护的组织政策、规章制度以及行为实践价值的共同感知（Zohar，1980，2008，2010），而社会心理安全氛围则侧重于工作压力、情绪耗竭等心理健康方面；与心理安全感相比，社会心理安全氛围更关注“管理者”视角，它强调员工对组织各层级管理者重视员工心理健康程度的一种感知。

4.2.2.2 社会心理安全氛围的层次

从社会心理安全氛围的界定可知，社会心理安全氛围同组织氛围、创新氛围、服务氛围等概念类似，属于组织层次的构念，实证研究中研究者经常将“社会心理安全氛围”视为组织或群体变量。社会心理安全氛围具有典型的“共享单位特征”——源于组织内单位成员的经验、态度、知觉、价值观、认知和行为，在同样心理历程中所共享的集体取向。为了形成本研究中社会心理安全氛围所处的层级，本研究通过开放式问卷的形式对社会心理安全氛围进行了调查。调查对象为 20 个在职 MBA 学员，我们请他们就以下问题进行解答。你认为你们单位重视你的心理安全与心理健康吗？你更在意你的直接领导还是更上层领导对你的心理安全和心理健康的重视？

调查结果显示，同一组织内不同层级领导者对员工心理安全重视程度和采取行动的方式有显著的差异，员工对于组织领导和部门领导所形成的 PSC 感知存在差异，相应的在心理健康上也会有不同的影响。Zohar(2010)的研究指出，不同部门、不同层级的管理者，管理目标的不同自然会使得员工获取不同的安全氛围感知。进而，社会心理安全氛围存在组织层面和群体(部门)层面，而根据本研究访谈情况和文献回顾，本研究认为群体(部门)层面差异性较组织层面差异性更明显，因此将其界定在群体(部门)层面。

4.2.2.3 社会心理安全氛围的测量

Hall 等(2010)通过多次实证研究开发出包含 12 个题项的 PSC 量表①，相关的实证研究也表明该量表具有较高的信度和效度，对于预测社会心理安全氛围具有较高的构念效度(Dollard & McTernan，2011)。本研究采取“直接翻译法”形成测量量表。根据 Tusi(2006)的观点，在西方背景下发展出的概念，在中国管理情境中并不一定是重要的、有意义的，其对客观变量的影响不大，但对基于心理判断性质的概念，则会有较大影响。所以在使用直接翻译法的测量量表时，要先将测量条目翻译成中文，然后让英语专业人士将中文再翻译成英文，以考察测试项目的对等性。因此，本研究遵循这一研究过程，邀请了专业英语八级人士对相应的测试项目进行回译，同时对该题目

① HALL G B, DOLLARD M F, COWARD J. Psychosocial Safety Climate: development of the PSC-12[J]. International Journal of Stress Management, 2010, 17(4): 353-383.

加以判断，形成如表 4.3 所示的测量条目。

表 4.3　社会心理安全氛围问卷中文版测试条目

主要维度	社会心理安全氛围测试条目
管理层承诺	在我们单位，管理者能迅速纠正影响员工心理健康的问题
	当危及员工心理健康安全的情况出现时，管理者能果断地采取行动
	管理者积极参与并能坚定信心解决员工心理问题
优先权	单位会优先考虑员工的心理健康
	管理者将员工心理健康看作有重大意义的事件
	管理者认为员工心理健康与提高生产水平、生产质量同等重要
沟通	在我们单位，与心理安全与健康相关的问题有畅通的沟通渠道
	我的上司常告诉我有关职业心理健康的信息
	我向单位提出的关于解决职业健康与安全方面的意见或建议常能被倾听
参与和投入	在我们单位，员工和工会成员以及健康安全代表能就职业健康与安全问题参与决策并进行咨询
	我们单位鼓励员工参与有关职业健康的相关事宜
	我们单位对工作压力的预防深入各个层次

资料来源：作者整理编制。

4.3　问卷预试与检验

4.3.1　问卷预试

4.3.1.1　预试样本的描述性统计分析

为了检验本研究修改完成的“职场欺负”和翻译而成的“社会心理安全氛围”两个量表测量条目的稳定性和内在结构，在开展大样本问卷调查之前，需要开展预测试。本研究对天津市某制造企业（共 16 个部门）140 名员工进行了问卷测试。实际回收问卷 129 份，其中有效问卷为 117 份，有效率为 90.7%。本研究通过 SPSS 21.0 对预测样本的人口学特征和岗位特征做描述性统计分析，统计结果如表 4.4 所示。

表 4.4　预试样本的描述性统计

特征描述		频率(人)	百分比(%)
性别	男性	104	88.9
	女性	13	11.1
年龄段	25 岁及以下	27	23.1
	26 岁至 35 岁	38	32.5
	36 岁至 45 岁	46	39.3
	46 岁及以上	6	5.1
管理职级	中层管理者	3	2.6
	基层管理者	12	10.3
	普通员工	102	87.2
工作年限	5 年及以下	26	22.2
	6 年至 10 年	36	30.8
	11 年至 15 年	16	13.7
	16 年及以上	39	33.3
学历	初中及以下	41	35.0
	高中和中专	51	43.6
	大学及以上	25	21.4

资料来源:作者整理编制。

之所以选择在制造企业的生产车间和基层岗位做调研,主要原因在于:职场欺负这个变量源于身份、地位和权力等方面的不均衡性,基层员工和就职于生产车间的员工对职场欺负的感受更为强烈;社会心理安全氛围则是处于劳动关系的受雇一方对于管理层的感知。本研究对已有研究文献进行分析后发现,西方社会心理安全氛围的测量对象都是基层员工。因此,本研究结合职场欺负和社会心理安全氛围两方面的测量特征,选择有大量生产制造功能和产业工人群体的典型制造企业。本研究选择的预试样本企业位于天津市静海区,是一家专业生产板材的生产型企业,其目前是同类产品生产领域的隐形冠军。

统计结果显示,本次预测试的 117 份样本中,男性受试者为 104 人(占 88.9%),女性受试者为 13 人(占 11.1%),该特征较符合制造企业的员工特点;25 岁及以下、26 岁至 35 岁、36 岁至 45 岁、46 岁及以上的员工人数分别为 27 人、38 人、46 人和 6 人,比例分别为 23.1%、32.5%、39.3%和 5.1%;在管理职级上,因为受欺负者主要集中在普通员工层,其占到所有受试者的 87.2%,有 102 人;在工作年限方面,两个工作年限段的员工比例最高,分别是 6 年至 10 年和 16 年及以上,人数分别为 36 人和 39 人,占比分别为 30.8%和 33.3%;从学历分布来看,由于所选企业属于制造业企业,所以样本分布较均衡,初中及以下的受试者为 41 人占 35.0%,高中和中专的受试者为 51 人占 43.6%,大学及以上的受试者为 25 人占 21.4%。

4.3.1.2 职场欺负的测量项目分析与信度分析

为了得知测验的可行性与适切性,常会分析测验鉴别度。将测验总得分的前 27%设为高分组,测验总得分后 27%设为低分组,以 *t* 检验结果来检验高低两组在每个题项的差异,并将 *t* 检验结果未达显著性的题项删除。本研究首先将职场欺负所有题项相加,明确前 27%的分数临界值为 47 分,后 27%的分数临界值为 37 分。

由表 4.5 可知,职场欺负所有题项均达到了显著水平($p<0.05$),表明预试的各题目鉴别力较高,为保证研究结果的科学性,在验证性因子分析时还会对测试题目做分析。信度是指真实分数的变异数占测量分数变异数的比例,代表量表的一致性和稳定性,信度分析在测试项目分析中被看作同质性检验指标之一。

表 4.5　高分组与低分组在职场欺负不同测试题目的 *t* 检验结果

题目	方差情况	*t*	*df*	Sig.(双侧)	均值差值	标准误差值
职场欺负题 1	假设方差相等	−4.112	64	0.000	−0.746	0.182
	假设方差不相等	−4.112	63.740	0.000	−0.746	0.182
职场欺负题 2	假设方差相等	−5.656	64	0.000	−0.915	0.162
	假设方差不相等	−5.625	60.524	0.000	−0.915	0.163
职场欺负题 3	假设方差相等	−2.970	64	0.004	−0.493	0.166
	假设方差不相等	−2.986	63.137	0.004	−0.493	0.165
职场欺负题 4	假设方差相等	−5.202	64	0.000	−0.789	0.152
	假设方差不相等	−5.087	40.185	0.000	−0.789	0.155
职场欺负题 5	假设方差相等	−2.999	64	0.004	−0.579	0.193
	假设方差不相等	−2.989	62.182	0.004	−0.579	0.194
职场欺负题 6	假设方差相等	−4.745	64	0.000	−1.068	0.225
	假设方差不相等	−4.663	46.404	0.000	−1.068	0.229

续表

题目	方差情况	t	df	Sig.（双侧）	均值差值	标准误差值
职场欺负题 7	假设方差相等	−5.747	64	0.000	−1.064	0.185
	假设方差不相等	−5.687	55.295	0.000	−1.064	0.187
职场欺负题 8	假设方差相等	−7.279	64	0.000	−1.588	0.218
	假设方差不相等	−7.143	44.475	0.000	−1.588	0.222
职场欺负题 9	假设方差相等	−7.102	64	0.000	−1.564	0.220
	假设方差不相等	−7.035	56.456	0.000	−1.564	0.222
职场欺负题 10	假设方差相等	−5.448	64	0.000	−0.993	0.182
	假设方差不相等	−5.481	62.788	0.000	−0.993	0.181
职场欺负题 11	假设方差相等	−4.918	64	0.000	−1.191	0.242
	假设方差不相等	−4.899	61.754	0.000	−1.191	0.243
职场欺负题 12	假设方差相等	−7.246	64	0.000	−1.561	0.215
	假设方差不相等	−7.226	62.524	0.000	−1.561	0.216
职场欺负题 13	假设方差相等	−2.555	64	0.013	−0.640	0.250
	假设方差不相等	−2.581	59.849	0.012	−0.640	0.248
职场欺负题 14	假设方差相等	−4.429	64	0.000	−0.972	0.220
	假设方差不相等	−4.385	55.806	0.000	−0.972	0.222
职场欺负题 15	假设方差相等	−7.031	64	0.000	−1.540	0.219
	假设方差不相等	−6.944	52.807	0.000	−1.540	0.222
职场欺负题 16	假设方差相等	−7.334	64	0.000	−1.548	0.211
	假设方差不相等	−7.257	55.178	0.000	−1.548	0.213
职场欺负题 17	假设方差相等	−5.330	64	0.000	−1.230	0.231
	假设方差不相等	−5.310	61.862	0.000	−1.230	0.232
职场欺负题 18	假设方差相等	−4.614	64	0.000	-1.053	0.228
	假设方差不相等	−4.563	54.382	0.000	-1.053	0.231

资料来源：作者整理编制。

目前采用较多的是 Cronbach's α 信度系数，按照 Nunnally（1978）的标准，Cronbach's α 大于 0.7 即可，而梁建和樊景立（2008）则认为 Cronbach's α 应达到 0.8。本研究采用梁建和樊景立（2008）的标准，使用 SPSS 21.0 对此问题进行分析，Cronbach's α 为 0.831，表明职场欺负的预试问卷可靠性较高，内部一致性较好。

由表 4.6 可知，社会心理安全氛围的所有题项均达到了显著水平（$p<0.05$），表明预试的各题目鉴别力较高，为了保证研究结果的科学性，在验证性因子分析时还会对

测试题目进行分析。本研究同样采用梁建和樊景立(2008)的标准,使用 SPSS 21.0 对此问题进行信度分析,Cronbach's α 为 0.923,表明职场欺负的预试问卷可靠性较高,内部一致性较好。

表 4.6 高分组与低分组在社会心理安全氛围不同测试题目的 *t* 检验结果

题目	方差情况	*t*	*df*	Sig.(双侧)	均值差值	标准误差值
社会心理安全氛围题 1	假设方差相等	8.043	66	0.000	1.508	0.188
	假设方差不相等	7.985	60.611	0.000	1.508	0.189
社会心理安全氛围题 2	假设方差相等	9.910	66	0.000	1.828	0.184
	假设方差不相等	9.853	61.983	0.000	1.828	0.186
社会心理安全氛围题 3	假设方差相等	10.354	66	0.000	1.739	0.168
	假设方差不相等	10.419	64.559	0.000	1.739	0.167
社会心理安全氛围题 4	假设方差相等	9.988	66	0.000	1.783	0.178
	假设方差不相等	9.960	64.511	0.000	1.783	0.179
社会心理安全氛围题 5	假设方差相等	9.266	66	0.000	1.729	0.187
	假设方差不相等	9.166	56.193	0.000	1.729	0.189
社会心理安全氛围题 6	假设方差相等	9.589	66	0.000	1.952	0.204
	假设方差不相等	9.554	63.942	0.000	1.952	0.204
社会心理安全氛围题 7	假设方差相等	8.542	66	0.000	1.677	0.196
	假设方差不相等	8.480	60.511	0.000	1.677	0.198
社会心理安全氛围题 8	假设方差相等	13.465	66	0.000	1.946	0.145
	假设方差不相等	13.312	55.399	0.000	1.946	0.146
社会心理安全氛围题 9	假设方差相等	7.280	66	0.000	1.534	0.211
	假设方差不相等	7.297	65.981	0.000	1.534	0.210
社会心理安全氛围题 10	假设方差相等	8.689	66	0.000	1.726	0.199
	假设方差不相等	8.712	65.946	0.000	1.726	0.198
社会心理安全氛围题 11	假设方差相等	10.575	66	0.000	1.855	0.175
	假设方差不相等	10.570	65.646	0.000	1.855	0.176
社会心理安全氛围题 12	假设方差相等	7.914	66	0.000	1.771	0.224
	假设方差不相等	7.857	60.639	0.000	1.771	0.225

资料来源:作者整理编制。

4.3.2　职场欺负预试问卷的内部结构检验

4.3.2.1　职场欺负的探索性因子分析

在测量问题的内部结构（internal structure）时，主要采用探索性因子分析和验证性因子分析。探索性因子分析是指，当测验的内部结构缺乏清晰的理论预期时，需要将所有的测量指标放在一起进行因子分析，然后由所得到的因子负荷值来判断概念测量的有效性。因此，探索性因子分析，能够剔除不符合理论预期的测量指标和对测量贡献较低的测量指标。探索性因子分析的前提是 KMO 值测度和 Bartlett's 球类检验，检验的目的在于判断探索性因子分析的可能性。在实证研究中的判断标准为：KMO 值大于 0.9 表明非常适合做探索性因子分析；KMO 值为 0.8~0.9 表明比较适合做探索性因子分析；KMO 值为 0.7~0.8 表明可以进行做探索性因子分析；KMO 值小于 0.6，尤其小于 0.5 表明不太适合做探索性因子分析。Bartlett's 球类检验只要达到显著水平即可做探索性因子分析。

本研究的 117 个样本在职场欺负 18 个维度上的 KMO 值测度为 0.739；Bartlett's 球类的检验值为 153，差异水平在 5%以下达到显著水平，变量间共享因素的可能性非常高。因此，综合分析可以进行探索性因子分析（表 4.7）。

表 4.7　职场欺负的 KMO 和 Bartlett's 球类检验

Kaiser-Meyer-Olkin 度量		0.739
Bartlett's 的球类检验	近似卡方	635.121
	df	153
	Sig.	0

资料来源：作者整理编制。

在探索性因子分析的具体方法选择方面，本研究采用主成分分析法，同时选择特征值大于 1 的抽取公因子，并使用方差最大法（Varimx）进行因子旋转。如果测量同一维度，因子负荷量越大（通常需要高于 0.4），同时在其他维度上的因子负荷量较小，那么该测试的构念效度越高。按照 Haynes 等人（1995）提出的标准，因子负荷在 0.4 以上就是重要的，超过 0.5 就是非常重要的。本研究对职场欺负的测量条目进行探索性因子分析后发现，表 4.2 中的测试题 1 在所有因子上的负荷都小于 0.4，故删除该测试题目；测试题 6、测试题 7、测试题 11 和测试题 16，在不同因子上的负荷值非常接近，并都大于 0.4，故在探索性因子分析中删除这四项测试题目。职场欺负的探索性因子分析如表 4.8 所示。

表 4.8　职场欺负的探索性因子分析

测试题目	因子				
	人为贬损	工作压制	人身攻击	社会排斥	权利剥夺
1. 有人在工作场所散播我的流言蜚语	0.618				
2. 有人总向主管或领导打我的小报告	0.747				
3. 有人故意给我制造工作障碍（如使绊子），影响我的业绩表现	0.759				
4. 有人阻止我获得应有的奖励和晋升机会	0.552				
5. 我在工作中遭到他人口头威胁（如指手画脚）		0.691			
6. 我总被无缘无故地要求加班，或下班时给我分配些烦琐的工作		0.627			
7. 我总被分配些苦活、脏活和累活		0.728			
8. 有人对我进行暴力威胁或身体侵犯			0.795		
9. 我遭到他人过分的挖苦和嘲笑			0.848		
10. 本部门很多集体活动（如聚餐、旅游）不邀请我				0.847	
11. 我有工作问题向同事或领导求助时，有时得不到回应				0.721	
12. 我的核心工作权责被剥夺，取而代之的是无价值工作					0.743
13. 迫于工作压力，我不能享受应有权利（如假期）					0.594

资料来源：作者整理编制。

从表 4.8 可知，本研究经探索性因子分析形成职场欺负的五个因子，相对于 NAQ-R（2007），荀洪景、刘化侠和田芝丽（2012），蒋奖、董娇和王荣（2011）以及李永鑫等（2011）的维度，本研究将个人欺负和工作欺负细分为人为贬损（指有人以损害声誉、损害利益的方式制造对受欺负者不利的信息或活动）、工作压制（指有人故意在工作方面让受欺负者受苦受累)、人身攻击(指有人故意侵犯、挖苦、戏弄受欺负者)、权利剥夺(指剥夺受欺负者与工作相关的权利)和社会排斥(指有人故意利用组织人际关系等方式排斥受欺负者)五个因子。

4.3.2.2　职场欺负的验证性因子分析

验证性因子分析的重点在于分析一组测量变量和一组可以解释观测变量的因素之间的关系,也就是在消除误差的情况下,通过观测检验指标与假设模型的契合程度来推断测量模型。通常验证性因子分析的适配度指标包括以下几项。

(1)CMIN(卡方值)。在检验时有两个评价标准,一个标准是卡方值检验应不具备显著性,即 $p>0.05$;第二个标准是 CMIN/DF 在 2~5 之间是可以接受的,小于 2 则完全可以接受。

(2)渐进残差均方根(RMSEA)。其评价标准是当 RMSEA>0.08 时,表示模型适配度不理想;当 RMSEA<0.08 时,表示模型适配度有近似误差存在;当 RMSEA<0.05 时,表示模型适配度较好。

(3)拟合优度指标(GFI)和修正拟合优度指标(AGFI)。这两项指标是通过观察理论模型的变异数和共变数可解释观察数据变异数和共变数的程度。其判断标准是数值大于 0.9,并且数值越接近 1,拟合优度越好。

(4)标准拟合指数(NFI)、修正拟合指数(IFI)和比较拟合指数(CFI)。其判断标准是大于 0.9,并且数值越接近 1,拟合优度越好。

本研究对职场欺负修订后的 13 道题做了 M1 模型估计,形成的五因子斜交模型如图 4.2 所示,使用 AMOS 21.0 得到的相应适配度指数如表 4.9 所示。根据该表,只有 AGFI 一项指标接近 0.9,其他指标全部达到评价标准,表明该模型具有较好的适配度。

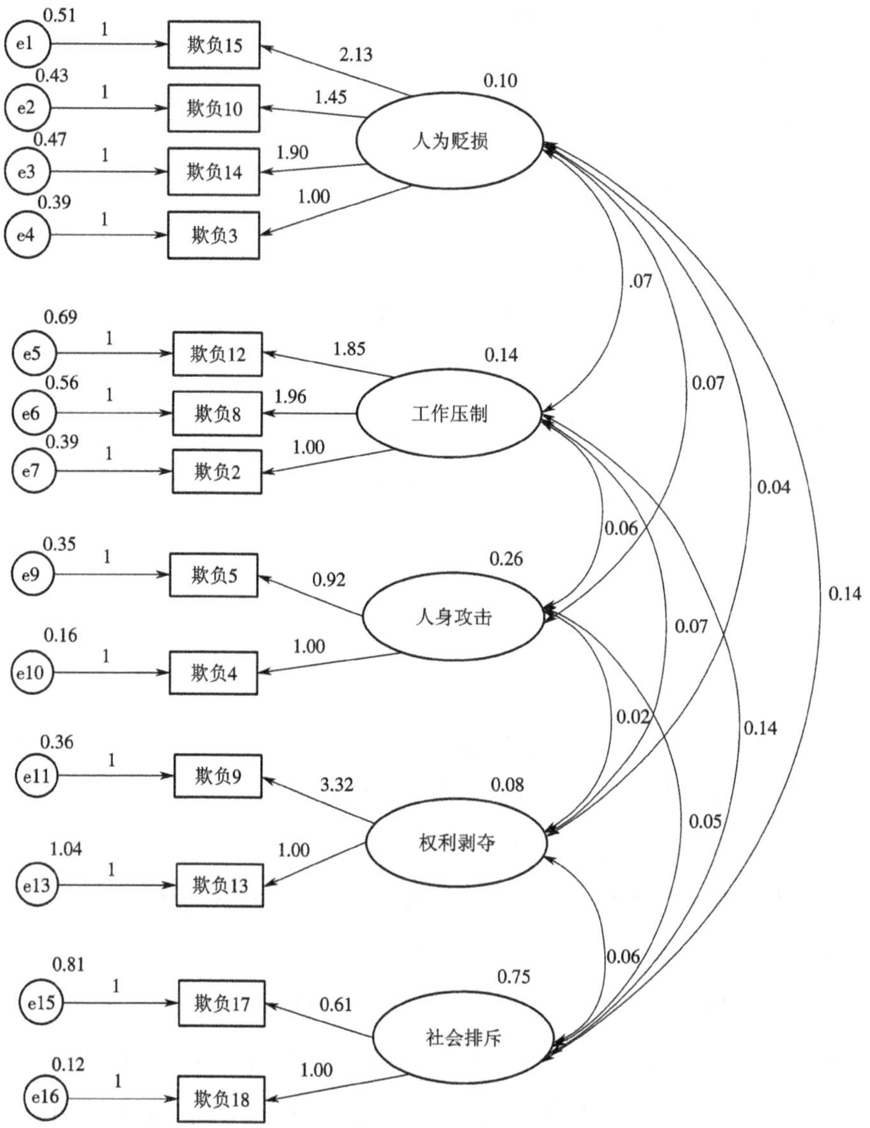

图 4.2 职场欺负斜交五因子模型

资料来源：作者根据 AMOS 21.0 统计结果整理。

表 4.9 整体模型拟合度的适配度、评价指标及标准

模型	CMIN 显著性	CMIN/DF	RMSEA	GFI	AGFI	NFI	IFI	CFI
M1	0.083	1.274	0.049	0.919	0.866	0.920	0.948	0.913
评价标准	p>0.01	<2	<0.1	>0.9	>0.9	>0.9	>0.9	>0.9

资料来源：作者根据 AMOS 21.0 统计结果整理。

根据验证性因子分析的结果，本研究得到 13 道测试题被加入正式问卷量表，同时因为被删去的测试题 6、测试题 7、测试题 11 和测试题 16 都具有较高的信度，通过问卷填写者的反馈，本研究将其重新表述并做合并，形成新的 3 道测试题，加入正式问卷，正式问卷详见附录。

4.3.3　社会心理安全氛围预试问卷的内部结构检验

4.3.3.1　社会心理安全氛围的探索性因子分析

本研究的 117 个样本在社会心理安全氛围的 18 个维度上的 KMO 值测度为 0.911，非常适合做探索性因子分析；Bartlett's 球类的检验值为 66，差异水平在 5%以下达到显著水平，变量间共享因素的可能性非常高。因此，综合分析，1 社会心理安全氛围非常适合做探索性因子分析，分析结果如表 4.10 所示。

表 4.10　社会心理安全氛围的 KMO 和 Bartlett's 球类检验

Kaiser-Meyer-Olkin 度量		0.911
Bartlett 's 球类检验	近似卡方	788.148
	df	66
	Sig.	0

资料来源：作者整理编制。

在探索性因子分析的具体方法选择上，社会心理安全氛围量表采用主成分分析法，同时选择特征值大于 1 的抽取公因子，并使用方差最大法（Varimx）进行因子旋转。如果测量同一维度，因子负荷量越大（通常需要高于 0.4），同时在其他维度上的因子负荷量较小，那么该测试的构念效度越高。通过因子分析发现，所有测试题目都按照英文版社会心理安全氛围的维度划分形成因子，如表 4.11 所示。

4.3.3.2　社会心理安全氛围的验证性因子分析

本研究对社会心理安全氛围的 12 道题做了 M1 模型估计，形成的四因子斜交模型如图 4.3 所示，使用 AMOS 21.0 得到的相应适配度指数如表 4.12 所示。

由表 4.12 可知，只有 AGFI 一项指标接近 0.9，其他指标全部达到评价标准，表明该模型具有较好的适配度。根据验证性因子分析的结果，本研究得到 12 道测试题被加入正式问卷量表。Hall 等（2010）通过多次实证研究开发出包含 12 个题项的 PSC 量表，经本研究翻译中文回译后具有较高的信度。

表 4.11　社会心理安全氛围的探索性因子分析

测试题目	因子			
	管理层承诺	优先权	沟通	参与和投入
1. 单位会优先考虑员工的心理健康	0.679			
2. 管理者将员工心理健康看作有重大意义的事件	0.760			
3. 管理者将员工心理健康看作与提高生产水平、生产质量同等重要	0.736			
4. 在我们单位，员工和工会成员以及健康安全代表能就职业健康与安全问题参与决策并进行咨询		0.698		
5. 我们单位鼓励员工参与有关职业健康相关事宜		0.779		
6. 我们单位对工作压力的预防深入各个层次		0.822		
7. 在我们单位，管理者能迅速纠正影响员工心理健康的问题			0.816	
8. 当危及员工心理健康安全的情况出现时，管理者能果断地采取行动			0.796	
9. 管理者积极参与并能坚定信心解决员工心理问题			0.590	
10. 在我们单位，就心理安全与健康相关的问题，有畅通的沟通渠道				0.560
11. 我的上司常告诉我有关职业心理健康的信息				0.568
12. 我向单位提出的关于解决职业健康与安全方面的意见或建议常能被倾听				0.832

资料来源：作者整理编制。

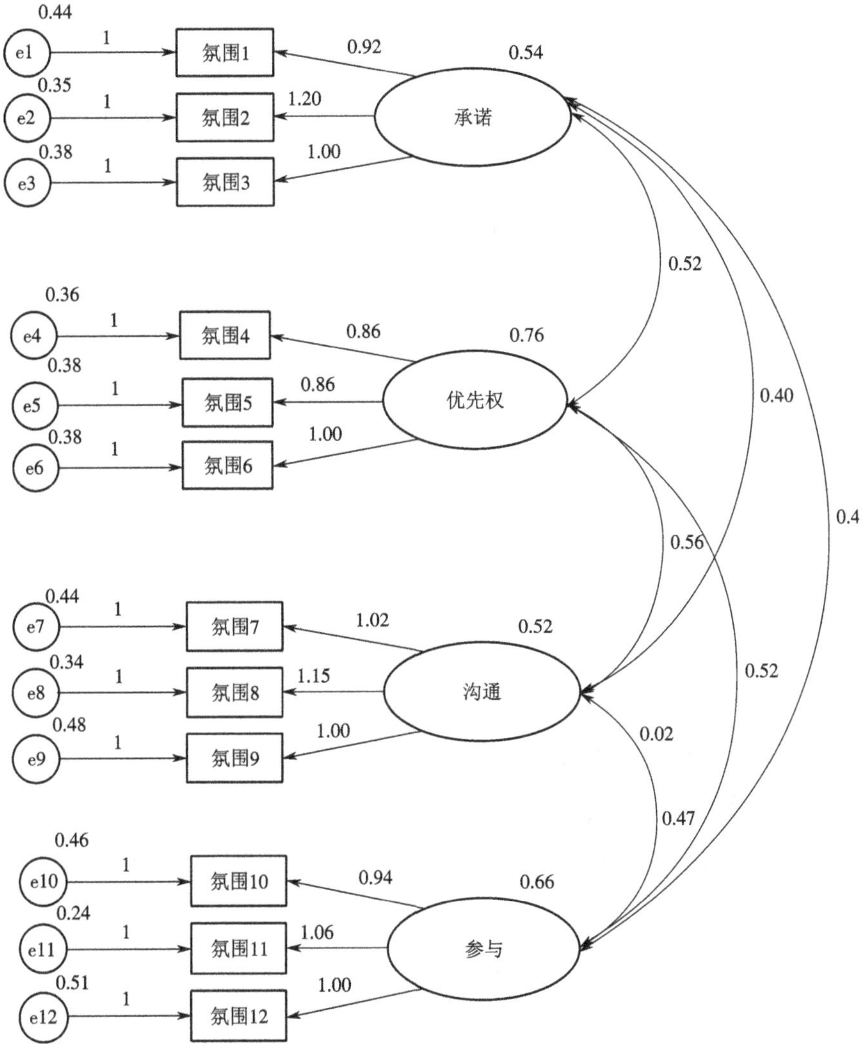

图 4.3　社会心理安全氛围四因子斜交模型图

资料来源：作者根据 AMOS 21.0 统计结果整理。

表 4.12　整体模型拟合度的适配度、评价指标及标准

模型	CMIN 显著性	CMIN/DF	RMSEA	GFI	AGFI	NFI	IFI	CFI
M1	0.016	1.485	0.065	0.913	0.859	0.913	0.970	0.969
评价标准	p>0.01	<2	<0.1	>0.9	>0.9	>0.9	>0.9	>0.9

资料来源：作者根据 AMOS 21.0 统计结果整理。

4.3.4 问卷预试小结

本研究通过探索性因子分析和验证性因子分析所形成的职场欺负问卷，较之前的NAQ-R更为细化。基于NAQ-R所形成的职场欺负问卷将职场欺负分为个人欺负和工作欺负两个维度，但本研究所形成的因子表明，在中国权力文化、面子文化、公平文化和人际关系文化的综合考虑下，职场欺负主要表现在人为贬损、工作压制、人身攻击、权利剥夺和社会排斥五个方面。Boisot（2005）认为，在盎格鲁撒克逊的文化中，人际权力均匀地分布于参与者之间，并且逐渐形成同僚权力平等的组织过程（a collegial process），这是一种基于法理的过程。但是在中国文化中，Boisot则认为采邑制和宗法制的组织形式处于支配地位，权利剥夺、人为贬损等能够对基层员工造成伤害。从这一点来看，本研究细分了职场欺负的维度，补充和完善了中国文化背景下的职场欺负研究。

社会心理安全氛围（PSC）是近年来国际上常用的测量，但目前国内尚无对此的测量，问卷中文版的构念效度和信度尚没有得到验证。本研究的探索性因子分析和验证性因子分析发现，PSC的中文版问卷具有非常好的信度和构念效度。相信通过本研究的努力，PSC的概念测量能够在中国得到很好的应用。尤其是对于关心员工心理健康与安全的组织而言，长期以来工作要求-资源模型作为工作压力研究的主流范式，忽略了组织领导者是否关心员工心理健康与安全，以及这种关心作为一种团队或组织整体的氛围对职场欺负感知可能产生的影响。本研究通过将PSC这一测量引入，从团队和组织层面研究职场欺负以尝试从非功能主义范式开展研究。

第 5 章　跨层次研究模型构建与实证研究设计

理论是对现象“为什么”和“如何”的问题的诠释(Kaplan，1964；Whetten，2002)。本研究基于第 2 章的理论梳理，明确了职场欺负的相关研究范式和理论模型。本章将在介绍研究程序和研究方法的基础上，根据前述理论回顾形成研究假设，进而构建研究模型，同时对变量测度和研究样本进行描述，开展问卷质量分析，并以此为基础对研究模型进行验证。

5.1　研究设计

研究设计即调查计划与结构，用于对研究问题的回答(Kerlinger & Lee，2000)。Daft(1983)指出，好的研究设计可以将研究涉及的变量纳入一个清晰连贯的体系，从而得到可靠的研究结论。为了保证研究的效度，提高研究质量，研究设计必须根据研究问题来开展，选取合适的研究方法以确保研究结果的可信度。研究程序如图 5.1 所示。

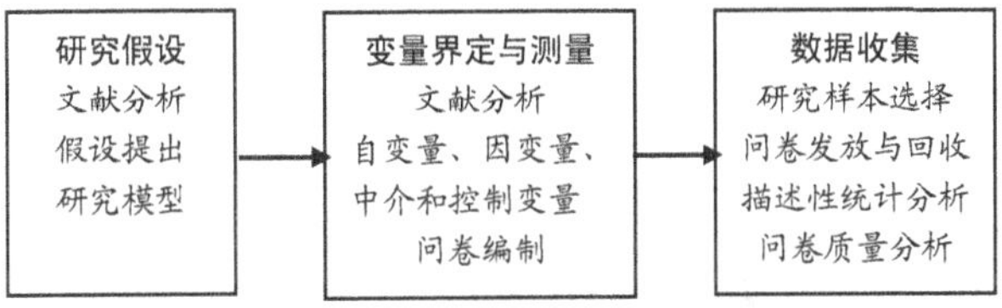

图 5.1　研究程序

5.1.1 提出研究假设

理论是解释和预测某些现象的一系列假设(Schweigert, 2006),而研究假设应该在前人理论基础上提出,或提出以往的理论没有提过的研究假设。本研究根据前述第2章和第3章的内容,提出的研究假设分为两个部分:第一部分是个体层面职场欺负的研究假设,基于团队成员身份差异所形成的欺负路径,中介变量是团队认同,调节变量是团队消极情绪;第二部分是团队层面职场欺负的研究假设,基于社会心理安全氛围所形成的欺负路径,调节变量是团队消极情绪。

5.1.2 变量界定与测量

本部分先根据研究模型确定本研究涉及的自变量、因变量、中介变量和调节变量以及控制变量,主要包括社会心理安全氛围、团队消极情绪、个人-团队身份差异、团队认同、职场欺负、个人特征变量等。然后根据文献梳理和问卷设计,形成变量测度。在问卷编制过程中,本研究分为五部分:第一部分测试团队情绪;第二部分测试团队认同;第三部分测试职场欺负;第四部分测试社会心理安全氛围;第五部分收集人口学变量特征。为了保证问卷质量,本研究邀请了专家小组(一位教授、一位副教授和两位博士)对问卷进行了审阅,并提出修改建议,形成了“最终版调查问卷”,详见附录B。

5.1.3 数据收集与整理

本研究以天津市三家制造企业的一线员工为样本,采用纸质问卷的形式,通过实地发放的方式,进行问卷的发放和回收。在对有效问卷进行筛选之后,进行数据录入和整理,使用SPSS 21.0进行描述性统计分析,并对调查问卷开展质量分析,对问卷的效度和信度进行检验。

5.2 研究假设与研究模型

假设是对研究问题的暂定回答,是对构念之间可能关系的陈述,它是从现有理论回答研究问题时产生的。

5.2.1 个体-团队身份差异与职场欺负之间的关系

5.2.1.1 个体-团队社会身份差异对职场欺负的影响

自我归类理论(self-categorization theory)认为,个体会使用性别、种族、年龄或组织身份等社会特征来定义心理群体(psychological groups),并表现出对这些基于社会类别的群体的强烈好恶感(Tajfel & Turner, 1986),进而形成正面的认同感(positive self-identity)。Bacharach等(1993)认为身份差异的不一致性导致组织内成员认知上的差异,或因为身份关系形成不同的非正式组织,当个体与两个或更多的人在身份特征上存在差异时,这种身份差异会使个体进入紧张状态;而个体对身份差异评估过高有可能引发其反抗或应对行为,进而增加欺负发生的可能性(Lenski, l954; Homans, 1974; McGrath, 1976),并且这种身份差异越大,个体调整自己去适应新环境的难度就越大,他与群体的不一致性就越明显,进而更有可能被欺负。Tsui、Anne、Egan、Terri、O'Reiily和Charies Ⅲ(1992)以151个群体,共计1705名员工为样本,通过关系型人口学变量对个人与组织的背景相似性契合与离职意愿的关系进行的实证研究结果显示,个体与组织中其他人之间的人口特征(如性别、种族)差异越小,个体对组织认同度越高,相应的负面感知就越低。综上,本研究提出如下假设。

H_1 个体与团队成员在社会身份上的差异越大,其职场欺负的感知越明显,这种身份差异主要体现在性别和地域特征上。

H_{1a} 个体与团队成员在性别上差异越大,职场欺负的感知越明显。

H_{1b} 个体与团队成员在地域上差异越大,职场欺负的感知越明显。

5.2.1.2 个体-团队组织身份差异对职场欺负的影响

Brewer(1995)指出在特定时刻,个体可以从各种自我分类的基础中选择其社会认同,不同的组织情境所激发的社会认同不尽相同。本研究认为,现有关系人口学(relational demography)只研究了团队异质性的影响,却忽视了员工对于组织身份感和社会身份感的差别,在两种身份感驱使下员工自我归类的"心理群体"是有区别的。员工基于社会身份(如性别、地域特征)会将自己归入"女性团队""外地人团队",但也会根据自己的组织身份（如企龄）将自己归入"新人团队"或"老人团队"。因此，第一种自我归类是社会欺负的企业投射，第二种自我归类则是企业制度性欺负。因此，本研究认为，如果员工拥有制度上的先占权和优势，比如老员工进入员工持股计划、新员工没有进入员工持股计划，它就会给员工带来组织身份感的差异。那么对于少数老员工而言，其个体-团队差异越大，他受职场欺负的可能性越小；而对于多数新员工而言，其个体-团队差异性越小，他受职场欺负的可能性越小。本研究将这种职场欺负，定义为制度性欺负，它具有典型的刚性特征。因此本研究提出如下假设。

H_{1c} 个体与团队成员在企龄上差异越小，职场欺负的感知越明显。

5.2.1.3 团队认同的中介效应

个体身份上的差异是个体被欺负的诱因，这种影响往往通过"团队认同"来对职场欺负感知起作用。个体获得组织或群体的认同的经历与过程不仅影响个人与组织或群体其他成员在互动中的心理与行为，而且影响组织或群体的凝聚力。根据最优差异化理论（ODT），员工更有可能将其所拥有的团队身份作为构建认同的基础元素（Van Dick 等，2008）。员工需要花费大量的时间和精力来与团队内的其他成员进行交流、沟通和合作，共同的团队背景和共享的工作经历也能够有效提升员工感知到的自己和其他团队成员以及团队之间的相似性，从而使得团队身份更容易成为员工的认同主体（Riketta & VanDick，2005；O'Leary & Mortensen，2010；Zhang，2013）。因此本研究选取"团队认同"作为个体身份差异影响职场欺负感知过程中的中介变量，而不是"组织认同"。

团队认同与承诺感正相关、凝聚力和利他主义正相关，凝聚力和职场负性行为负相关。在社会分类过程中，驱动认知和行为的内在动机能够维持积极的团队认同（Hogg 和 Terry，2000），高团队认同的员工可能更认同团队的观点和行为，并表现出比低团队身份感员工更强的奉献意愿（Chattopadhyay，Tluchowsk & George，2004；Chatman，Polzer，Barsade & Neale，1998；Riordan & Weatherly，1999）。Escartín、Ullrich、Zapf、Schlüter 和 van Dick（2013）对来自 19 个组织的不同工作群体进行的调查研究显示，群体认同对于群体和个体层面的工作相关的欺负行为有重要影响。人们对于其所在的群体认同度越高，他们成为职场欺负受害者的可能性越小。基于上述分析，本研究提出如下假设。

H_2 个体-团队的身份差异在对职场欺负感知的作用机制中，团队认同起到中介作用。

H_{2a} 团队认同感知越高，职场欺负感知越低。

H_{2b} 个体与团队成员在性别上差异越大，团队认同感越低。

H_{2c} 个体与团队成员在地域上差异越大，团队认同感越低。

H_{2d} 个体与团队成员在企龄上差异越小，团队认同感越低。

5.2.2　社会心理安全氛围与职场欺负之间的关系

社会心理安全氛围水平高的组织由于高层管理者重视员工心理安全健康问题，通过承诺、沟通、参与和投入，向员工传递一种安全信号，在一定程度上能对危害员工身心健康的职场欺负行为起到一定的预防作用，并对已出现的该类行为进行有效的干预，从而降低其重复发生的概率。根据 Salin(2003)提出的理论模型，职场欺负行为的产生是隐患因素、抑制动机因素和诱发因素这三方面组织因素共同刺激的结果。而社会心理安全氛围作为更高层次的组织因素，可以通过消除隐患因素、抑制动机因素和预警诱发因素的过程达到对职场欺负行为的影响。当员工有重大决策的参与权和工作控制权时，权力不均衡性被降至最低；在社会心理安全氛围水平较高的组织中，较少存在刺激职场欺负行为的竞争或奖励系统，类似组织变革等诱发职场欺负的事件所带来的内部竞争和工作不安全性会提前告知员工，并且员工有机会通过参与决策的过程来表达观点，这些都会降低员工对职场欺负的感知。基于上述分析，本研究提出如下假设：

H_3 社会心理安全氛围对职场欺负感知有直接影响。

H_{3a} 社会心理安全氛围对职场欺负中的权利剥夺有直接影响，社会心理安全氛围水平越高，权利剥夺的感知越低。

H_{3b} 社会心理安全氛围对职场欺负中的人为贬损有直接影响，社会心理安全氛围水平越高，人为贬损的感知越低。

H_{3c} 社会心理安全氛围对职场欺负中的工作压制有直接影响，社会心理安全氛围水平越高，工作压制的感知越低。

H_{3d} 社会心理安全氛围对职场欺负中的人身攻击有直接影响，社会心理安全氛围水平越高，人身攻击的感知越低。

H_{3e} 社会心理安全氛围对职场欺负中的社会排斥有直接影响，社会心理安全氛围水平越高，社会排斥的感知越低。

5.2.3 团队消极情绪的调节效应

5.2.3.1 情绪对职场欺负的影响机理

情绪是个体认知内容的特殊状态，情绪研究本身作为一个研究方向已经在心理学中得到确认。研究表明，工作场所中的员工情绪会影响员工身心健康和组织绩效。因此，情绪是职场欺负研究中不可忽视的研究变量。在影响职场欺负的因素中，情绪是重要的影响因素。Dimotakis 等人（2011）认为员工的积极情绪和消极情绪具有不同的影响路径。即积极情绪体验和消极情绪体验对个体职场欺负感知的影响是不同的。相关研究证实，消极情绪会影响个体对他人的评价以及与他人的关系，进而可能成为职场欺负行为的诱因。积极情绪则能够避免上述问题的产生，研究表明积极情绪状态能够促进协助行为、组织公民行为（Spector & Fox，2002）和合作行为（Barsade，2002）的产生。因此，本研究重点研究个体在日常工作中接触频次较高的团队成员，其情绪状态对个体职场欺负感知的影响，而不是研究个体本身情绪对职场欺负感知的影响。

根据第 2 章中情绪事件理论的阐述，Ashkanasy（2002）提出一个组织内存在五个层次的情绪状态：个体情绪、个体间情绪、人际互动的情绪、团队情绪和组织情绪。员工将个体情绪和情绪体验通过感染和展示的形式表现出来，进而形成团队情绪。目前已有研究中多采用 Schneider（1987）提出的团队情绪基调（group affective tone）来代表团队情绪。而团队消极情绪就是团队成员在人际冲突、工作压力等多种情境下，共享的一种情绪状态，比如悲观、绝望、气愤等。本研究第 3 章提到职场欺负的诱因及其机理，个体间的社会互动和环境因素是职场欺负发生的重要诱因。根据第 2 章提出的职场欺负的产生路径包括工作压力、人际冲突和组织刺激三方面，团队消极情绪可以通过情绪感染（emotional contagion）、情绪代理（vicarious affect）、行为夹带（behavioral entrainment）和交互同步（interaction synchrony）达到组合效应，进一步影响职场欺负。

5.2.3.2 团队消极情绪的调节效应

团队消极情绪主要从两个方面在社会心理安全氛围、团队认同以及受欺负者的职场欺负感知之间起调节作用：首先从实施者角度，随着企业竞争的加剧，员工的工作任务和难度增加，不免会产生消极情绪，由于消极情绪存在转移和宣泄效应，那些身份与自己不相近的个体或群体往往会成为情绪转移和宣泄的目标，相应的欺负行为就会产生；其次从旁观者角度，旁观者的消极情绪较大，容易造成情绪耗竭和去人性化的情况，进而形成"袖手旁观"或"无动于衷"的局面，甚至有的旁观者会主动加入共同欺负的行列。因此，团队消极情绪对职场欺负的发生会产生影响，进而调节社会心理安全氛围和团队认同影响职场欺负的机制。基于上述分析，本研究提出如下假设。

H_4 团队消极情绪状态对职场欺负具有调节作用。

H_{4a} 团队消极情绪越强烈，职场欺负发生概率越小。

H_{4b} 团队消极情绪在个人-团队在性别上的差异和职场欺负感知的关系中起到调节作用。

H_{4c} 团队消极情绪在个人-团队在地域上的差异和职场欺负感知的关系中起到调节作用。

H_{4d} 团队消极情绪在个人-团队在企龄上的差异和职场欺负感知的关系中起到调节作用。

H_{4e} 团队消极情绪在社会心理安全氛围和职场欺负感知的关系中起到调节作用。

5.2.4　控制变量的影响效应

已有研究表明，女性受欺负者居多（Lewis & Gunn, 2007; Salin, 2001, 2003; 陈伟娜, 2011; 刘骏飞, 2010; 聂光辉, 2009），而且女性既受男性欺负也受女性欺负，男性往往只受男性欺负（Hoel et al, 1999; Hauge, Skogstad & Einarsen, 2009）。

资历老的人员常欺负新进人员（Baillien, Neyens, Witte & Cuyper, 2009），这种现象最早出现在校园欺负和监狱欺负的研究中，后来在职场欺负的研究中也得到了印证。

城市化进程使得大量流动人口出现，到城市和外地务工成为农民新的生存方式，这无形之中形成了一种"身份差异"，即本地人和外地人的身份差异，长期工和短期工的身份差异，"本地人会欺负外地人，长期工会欺负短期工"成为一种社会现象。

5.2.5 本研究的跨层次研究模型

根据前文提出的研究假设,本研究提出实证研究模型,如图 5.2 所示。本研究涉及的变量分为群体层次变量和个体层次变量,因此实证研究模型是跨层次模型。一方面,由文献回顾可知,社会心理安全氛围和团队消极情绪都属于群体层次的变量,而职场欺负感知(受欺负者视角)、团队认同、个人-团队差异则主要体现在个人感知上。针对团队消极情绪在个人-团队差异对职场欺负的影响中所发挥的调节作用,本研究采用的是跨层次直接作用模型(Cross-level Direct-effect Models)①,即检验较低层次的结果变量(职场欺负的感受),与较高层次(团队层次)自变量的主效果;而针对社会心理安全氛围对职场欺负的影响以及团队消极情绪在其中的调节作用的分析,则采用混合因子模型(Mixed-determinants Models)(Klein, Dansereau & Hall, 1994),即同时分析较高层次与较低层次的主效果。本研究的跨层次研究模型如图 5.2 所示。

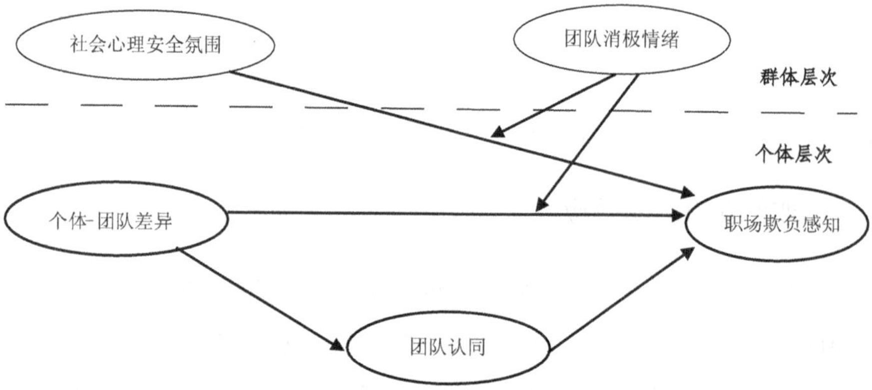

图 5.2 本研究的跨层次研究模型

根据图 5.2 的研究模型,本研究的假设检验过程分为三步:第一步利用多元回归模型对“个体-团队差异→团队认同→职场欺负感知”关系进行检验;第二步利用跨层次调节模型对团队消极情绪→(个体-团队差异→职场欺负感知)这一作用机制/路径的调节效应进行检验;第三步利用混合因子模型对社会心理安全氛围→职场欺负感知

① 在 Kozlowski & Klein (2000) 的研究中认为,跨层次分析还包括跨层次调节模型、跨层次池塘模型、一致的多层次模型等。

（团队消极情绪调节）进行检验。

5.3 变量测度、研究样本与问卷质量分析

5.3.1 变量测度与问卷编制

根据图 5.2 可知，本研究涉及五类变量，分别是自变量、因变量、中介变量、调节变量和控制变量。以下将对这些变量进行界定和测量上的说明。

5.3.1.1 自变量

1. 个人-团队差异的测度

个人-团队差异是指个人与团队内其他成员在人口学特征上的差异性。本研究根据关系人口学的相关研究，将个人-团队差异分为性别差异、地域差异和企龄差异。本研究测度了不同样本在上述三个指标上的整体欧几里得距离，使用的计算公式与 Tsui 和 O' Reilly（1989）在相关研究中使用的测度公式相似。计算方法是，在某工作团队的样本中，计算一个人 S_i 在某一特定人口统计变量上的值与该样本中其他人 S_j 在同一人口统计变量上的差的平方和，再除以该团队的被测人数，然后取其平方根，所使用的计算公式如下：

$$[\frac{1}{n}\sum_{j=1}^{n}(S_i - S_j)^2]^{1/2} \qquad (3.1)$$

每个人口统计变量都得到一个关于背景相似性的关系型变量。其中，将学历转换为相应的教育年限。而由于地域、性别作为名义变量是用 0 和 1 来进行赋值的，所以性别的差异相应地用从 0 到无限趋近 1 的分数来测量。分数越接近 1，表明性别差异越大；分数为零，表明无差异；当有人在一个极大的群体中是唯一的少数群体成员时，其关系分数可能是 0.99。例如，在一个由一名男性（甲）和三名女性组成的工作团队中，若用“1”表示男性，“0”表示女性的话，根据上述公式可求得，甲在性别上的关系分数（即欧几里得距离）为 0.866，三位女性在性别上的关系分数（即欧几里得距离）均为 0.5。0.866 比 0.5 更接近 1，表明甲与该团队中其他成员的性别差异较大，与团队的关

系型性别契合度较低。

在所有的关系人口学变量的测量中，欧几里得距离越大，意味着差异越大。也就是说，在某一个关系型人口学变量上分数越高的人，就这一特定的人口特征而言，他/她与团队中其他成员的差异要大于在这种关系测量上分数低的人，意味着他/她与团队在这一关系型变量上的差异越大。

2. 社会心理安全氛围的下面三个维度的测量条目均保留“　”引号进行区分，采用李克特五分测度

本研究第4章通过验证性因子分析得到的社会心理安全氛围测量量表，共四个维度，分别是管理层承诺、优先权、沟通、参与和投入。作为团队层面的变量，本研究对社会心理安全氛围采取总体值，即对所有维度求平均值。

（1）管理层承诺是指管理层对员工所说的具有一定愿景的话，其一般是可以兑现的。具体表现在“迅速纠正问题”“果断采取行动”“坚定信心解决难题”方面。该维度测试包括三个项目，采用李克特五分测度（标示为“完全不同意”“不同意”“一般”“同意”和“完全同意”）。

（2）优先权是指将员工心理健康放在他人或他事的前边，指在此问题上优先。具体表现在“优先考虑”“视为重大意义的事件”和“与提高生产水平处于同等重要的地位”三个方面，该测试包括三个项目，采用李克特五分测度（标示为“完全不同意”“不同意”“一般”“同意”和“完全同意”）。

（3）沟通是指管理层与员工之间关于心理安全问题的认识、思想与情感的传递和反馈的过程，以求达成一致。具体表现在提供指导、咨询通道建设、采纳合理建议等三个方面。该测试包括三个项目，采用李克特五分测度（标示为“完全不同意”“不同意”“一般”“同意”和“完全同意”）。

（4）参与和投入是指管理层将自己置身其于心理安全工作中，全身心地推动员工心理健康工作。具体表现在“鼓励员工参与决策”“鼓励员工主动改善”“深入预防”等三个方面。该测试包括三个项目，采用李克特五分测度（标示为“完全不同意”“不同意”“一般”“同意”和“完全同意”）。

5.3.1.2　因变量

本研究第4章通过验证性因子分析后修订的测量量表，包括五个维度，分别为人

为贬损、工作压制、人身攻击、权利剥夺、社会排斥。本研究将这五个维度分别作为因变量分析,每个维度使用各自测量值的平均值。

（1）人为贬损指采取各种方式贬低个体声誉、业绩成果、隐性地位等,以间接的方式导致个体受到各方面损失。具体包括:“向领导打小报告”“制造障碍影响业绩”“阻止获得应有奖励”等。测试共五个项目,采用李克特五分测度（标示为“从未如此”“很少如此”“偶尔如此”“经常如此”和“总是如此”）。

（2）工作压制是指用强制的方式,违背个体的意志,使得个体被迫服从工作上的一些安排。具体表现在“对个体指手画脚”“无故要求加班”“分配最差的工作”等方面。测试共三个项目,采用李克特五分测度（标示为“从未如此”“很少如此”“偶尔如此”“经常如此”和“总是如此”）。

（3）人身攻击即某人或某些人因主观意愿对他人进行身体攻击、言论攻击和情绪宣泄。具体表现在进行身体侵犯、挖苦与戏弄、成为出气筒等方面。共四个测试项目,采用李克特五分测度,标示为“从未如此”“很少如此”“偶尔如此”“经常如此”和“总是如此”。

（4）权利剥夺指降低、减少、消除个体实现其自身利益的可能性,具体从“有价值的工作”“工作中的自由度”“工作休息条件”三个方面分析权利是否被剥夺。测试共三个项目,采用李克特五分测度（标示为“从未如此”“很少如此”“偶尔如此”“经常如此”和“总是如此”）

（5）社会排斥即个体由于受社会接触、社会关系和群体身份的限定和限制,而处于边缘性的地位或被打上“边缘地位”烙印。具体表现在“业绩被他人占有”“集体活动不被邀请”“求助时不给予帮助”等,测试共三个项目,采用李克特五分测度（标示为“从未如此”“很少如此”“偶尔如此”“经常如此”和“总是如此”）

5.3.1.3　中介变量

团队认同是个体对团队身份的同一性和归属性的感知。团队认同的测量采用 Mael 和 Ashforth（1992）开发的 6 题项量表,分别从“批评团队时的态度”“别人评价团队时的态度”“我们的归属感”“成功的标准”“赞扬团队时的态度”“批评部门时的态度”等方面进行测量。采用李克特五分测度（标示为“完全不同意”“不同意”“一般”“同意”和“完全同意”）。

5.3.1.4 调节变量

团队消极情绪是指在团队具体行为中,由外因或内因影响而产生的不利于个体继续完成工作或者正常思考的情感,主要包括羞愧、难过、害怕、紧张、惊恐、内疚、易怒等。测量以 Watson(1988)PANAS 量表为基础,使用邱林等人(2008)PANAS 量表中文版,采用李克特五分测度,包括"非常轻微""轻微""一般""强烈"和"非常强烈"。因为团队情绪是群体层次变量,因此计算时要将变量聚焦到团队层次计算。

5.3.1.5 控制变量

本研究选取的控制变量,主要有性别(男/女)、年龄段(25 岁及以下/26 岁至 35 岁/36 岁至 45 岁/46 岁及以上)、地域特征(本地人/外地人)、学历段(初中及以下/高中、中专与技校/大学及以上)、企龄段(2 年及以下/3 年至 5 年/6 年及以上)五个变量。

5.3.2 问卷的发放与处理

5.3.2.1 问卷发放过程

职场欺负本质上是发生在工作场所中的行为,受欺负对象大都是一线工作人员,因此调查研究的对象一般是护士、工人、服务员等。为此,本研究将研究对象锁定在制造业企业一线员工,选取天津市四家制造业企业,所属的行业分别是板材制造、钢管制造、汽车配件制造和农机制造,每家企业选取多个一线生产车间,共计 22 个团队, 420 位员工。问卷发放途径是现场发放纸质,当场填写后由研究人员进行回收,以确保问卷的真实性。

5.3.2.2 无效问卷的剔除

研究者对回收的问卷逐一进行审核,在剔除无效问卷的过程中,本研究主要遵循以下准则:首先,剔除所有答案填写一样的问卷(比如,从都到尾都是"3"),或者填写过程中明显呈现某种规律性的问卷(比如,先全填 "3" 之后全填"5",之后又全填"2"的"S"形问卷);其次,剔除缺失值过多的问卷;最后,剔除来自同一个团队,答案明显相同的问卷(即明显抄袭的问卷)。经过严格的筛选,本研究剔除了 62 份问卷,最终得到了 331 份有效问卷。此次共发放了 420 份问卷,回收 396 份,回收率达到 94.3%;

其中有效问卷 331 份，有效率达 83.6%。最终形成了 22 个生产车间团队，每个团队平均人数在 15 人左右的研究对象。

5.3.2.3　缺失值的处理

缺失值的处理分两种情况：一种情况是连续性测度的缺失，在这种情况下采取的方法是用整个变量的所有测度平均值来替代，比如编号为 2 的问卷“职场欺负”的第 3 个测试项目为缺失，就用 18 个测试项目均值“2.45”进行替代；第二种情况是分类测试的缺失，在本研究的 331 份有效问卷中，性别、学历和工龄等项目共计 13 个分类测试缺失，在这种情况下采取的方法是，追溯到该部门的人员名册，并根据该样本其他变量的测度来定位该样本的缺失值。

5.3.3　样本的总体情况

样本的总体情况如表 5.1 所示，具体情况如下。

（1）男性和女性的人数分别为 277 人和 54 人，比例分别为 83.7%和 16.3%，这与目前制造业的人员结构大致吻合（在服务业女性员工数量普遍高于男性员工数量）。

（2）年龄段分布情况是：25 岁及以下的员工有 32 人，占 9.7%；26 岁至 35 岁有 117 人，占 35.3%；36 岁至 45 岁的员工比例最高，有 135 人，占 40.8%；46 岁及以上的员工 47 人，占 14.2%。

（3）在企龄分布上，2 年及以下的员工有 146 人，占 44.1%，说明新员工的比例普遍较高，在一线生产和一线销售领域的员工流动率是较高的；企龄在 3 年至 5 年的员工有 90 人，占 27.2%；企龄在 6 年及以上的员工有 95 人，占 28.7%。

（4）在雇佣特征上，临时工有 4 人，占 1.2%；短期雇佣（合同工）的人数最多，有 301 人，占 90.9%；长期雇用（进入员工持股系列）人员有 58 人，占 25.7%。

（5）在学历分布上，初中及以下有 217 人，占 65.6%；高中、中专和技校有 73 人，占 22.1%；大学及以上有 41 人，占 12.4%；大学及以上的员工大部分集中在一线销售。

（6）在婚姻特征上，已婚员工占大多数，有 297 人，占 89.7%；而未婚员工有 34 人，占 10.3%；

（7）在地域特征上，本地人和外地人相当，分别为 168 人和 163 人，分别占 50.8%和 49.2%。

表 5.1　样本的描述性统计分析

项目		频率(人)	百分比
性别	男性	277	83.7%
	女性	54	16.3%
年龄段	25 岁及以下	32	9.7%
	26 岁至 35 岁	117	35.3%
	36 岁至 45 岁	135	40.8%
	46 岁及以上	47	14.2%
企　龄	2 年及以下	146	44.1%
	3 年至 5 年	90	27.2%
	6 年及以上	95	28.7%
雇佣特征	临时工	4	1.2%
	短期雇佣	301	90.9%
	长期雇佣	26	16.6%
学历	初中及以下	217	65.6%
	高中、中专和技校	73	22.1%
	大学及以上	41	12.4%
婚姻状况	未婚	34	10.3%
	已婚	297	89.7%
地域特征	本地人	168	50.8%
	外地人	163	49.2%

资料来源:作者整理编制。

5.3.4　问卷质量分析

5.3.4.1　同源方差检验

由于每一份问卷是由一个人填写的,因此需要进行同源方差检验,本研究采取 Harman 单因子检测法,将问卷所有的题目进行探索性因子分析,在未旋转时得到的第一个主成分载荷量为 30.632%,没有占大多数,同源方差问题不严重,可以进行下一步分析。

5.3.4.2　信度检验

在信度检验方法的选取上，本研究采用针对李克特量表开发的 Cronbach's α 系数（Cronbach，1951），对问卷各变量进行信度计算，通过 SPSS 21.0 计算的信度结果分别是：情绪量表的 Cronbach's α 系数为 0.930；团队认同的 Cronbach's α 系数为 0.889；职场欺负的 Cronbach's α 系数为 0.933；社会心理安全氛围的 Cronbach's α 系数为 0.935。本研究采用梁建和樊景立（2008）的标准，即 Cronbach's $\alpha>0.8$，表明本研究涉及的情绪、团队认同、职场欺负和社会心理安全氛围的预试问卷可靠性较高，内部一致性较好。

5.3.4.3　效度检验

在效度检验上，本问卷涉及两个变量——职场欺负和社会心理安全氛围已经在第 4 章进行了严格的修订，并做了验证性因子分析，以保证其内容效度。同时本研究其他变量测量量表中文版都是在国内研究中反复被实证检验的，并且得到了多数学术研究者的高度认可。为了进一步确认量表的效度，本研究还邀请由制造企业的总经理、人力资源管理经理和管理学者共同组成的四人专家组，对问卷提出了宝贵的建议。对于效度分析，本研究启用验证性因子分析程序，利用 AMOS 21.0 进行检验。

1. 情绪的验证性因子分析

情绪的验证性因子分析结果详见表 5.2 和表 5.3，通过相关适配度的指标值，可以判断理论模型与观察数据之间有较好的匹配性，适配度的指标均达到评价标准。并且 AVE 的值均大于 0.5，表明情绪的量表具有较高的聚合效度。

表 5.2　情绪的验证性因子分析

测度	成分
我感到羞愧	0.798
我感到难过	0.820
我感到害怕	0.799
我感到紧张	0.757
我感到惊恐	0.867
我感到内疚	0.788

续表

测度	成分
我易怒	0.734
我战战兢兢	0.797
我恼怒	0.684

提取方法:主成分分析法。

旋转法:具有 Kaiser 标准化的正交旋转法。

资料来源:作者整理编制。

表 5.3　情绪的验证性因子分析的相关适配度指标

模型	CMIN 显著性	CMIN/DF	RMSEA	GFI	AGFI	NFI	IFI	CFI
M1	0.000	1.658	0.092	0.912	0.902	0.922	0.923	0.922
评价标准	P<0.01	<2	<0.1	>0.9	>0.9	>0.9	>0.9	>0.9

资料来源:作者根据 AMOS 21.0 统计结果整理。

2. 团队认同的验证性因子分析

团队认同的验证性因子分析结果详见表 5.4 和表 5.5,通过相关适配度的指标值,可以判断理论模型与观察数据之间有较好的匹配性,适配度的指标除了 AGFI(0.889)之外均达到评价标准,并且 AVE 的值均大于 0.5,表明团队认同的量表具有较高的聚合效度。

表 5.4　团队认同的验证性因子分析

测度	成分
当有人批评我们部门或车间时,我会觉得是自己受到了侮辱	0.779
我很想知道别人是如何评价我们部门或车间的	0.788
当我说起我们部门或车间时,总是倾向说“我们”而不是“他们”	0.824
部门或车间的成功就是我的成功	0.809
当有人称赞部门或车间时,我会觉得是在夸自己	0.807
如果别人批评了部门或车间,我也会觉得颜面无光	0.811

提取方法:主成分分析法。

旋转法:具有 Kaiser 标准化的正交旋转法。

资料来源:作者整理编制。

表 5.5　团队认同的验证性因子分析的相关适配度指标

模型	CMIN 显著性	CMIN/DF	RMSEA	GFI	AGFI	NFI	IFI	CFI
M1	0.000	1.354	0.095	0.952	0.889	0.952	0.961	0.961
评价标准	$P<0.01$	<2	<0.1	>0.9	>0.9	>0.9	>0.9	>0.9

资料来源:作者根据 AMOS 21.0 统计结果整理。

3. 职场欺负的验证性因子分析

职场欺负的验证性因子分析结果详见表 5.6 和表 5.7,通过相关适配度的指标值,可以判断理论模型与观察数据之间有较好的匹配性,适配度的指标除了 AGFI(0.884)之外均达到评价标准,并且 AVE 的值均大于 0.5,表明职场欺负的量表具有较高的聚合效度。

表 5.6　职场欺负的验证性因子分析

测量条目	成　分				
	人为贬损	工作压制	人身攻击	社会排斥	权利剥夺
有人在工作场所散播我的流言蜚语	0.753				
有人总向主管或领导打我的小报告	0.801				
有人故意给我制造工作障碍(如使绊子),影响我的业绩表现	0.739				
有人阻止我获得应有的报酬或奖励	0.610				
我遭到过他人口头威胁(如指手画脚)		0.650			
我总被无缘无故地要求加班,或下班时给我分配些烦琐的工作		0.803			
我总被分配些苦活、脏活和累活		0.737			
有人对我进行暴力威胁和身体侵犯			0.759		
我遭到他人的过分戏弄和挖苦			0.721		
因习惯、背景和缺陷而受到他人戏弄			0.755		
总有人拿我当出气筒			0.741		
我的工作业绩总是被别人占有或忽视,而我忍气吞声				0.713	
本部门很多集体活动(如聚餐、旅游)不邀请我				0.707	
我有工作问题向同事或领导求助时,有时得不到回应				0.736	

续表

测量条目	成分				
	人为贬损	工作压制	人身攻击	社会排斥	权利剥夺
我的核心权利被剥夺，取而代之的是无价值工作					0.632
我工作时被过度监控，我能决定的太少					0.841
迫于工作压力，我不能享受应有权利（比如假期）					0.743

资料来源：作者整理编制。

表 5.7　职场欺负的验证性因子分析的相关适配度指标

模型	CMIN 显著性	CMIN/DF	RMSEA	GFI	AGFI	NFI	IFI	CFI
M1	0.000	1.254	0.062	0.917	0.884	0.936	0.963	0.963
评价标准	$P<0.01$	<2	<0.1	>0.9	>0.9	>0.9	>0.9	>0.9

资料来源：作者根据 AMOS 21.0 统计结果整理。

4. 社会心理安全氛围的验证性因子分析

社会心理安全氛围的验证性因子分析结果详见表 5.8 和表 5.9，通过相关适配度的指标值，可以判断理论模型与观察数据之间有较好的匹配性，所有适配度的指标均达到评价标准，AVE 的值均大于 0.5，表明社会心理安全氛围的量表具有较高的聚合效度。

表 5.8　社会心理安全氛围的验证性因子分析

测量条目	成分			
	管理层承诺	优先权	沟通	参与和投入
单位会优先考虑员工的心理健康	0.881			
管理者将员工心理健康看作有重大意义的事件	0.845			
管理者将员工心理健康看作与提高生产水平、生产质量同等重要的	0.827			
在我们单位，员工和工会成员以及健康安全代表能就职业健康与安全问题参与决策并进行咨询		0.828		
我们单位鼓励员工参与有关职业健康相关事宜		0.828		

续表

测量条目	成　分			
	管理层承诺	优先权	沟通	参与和投入
我们单位对工作压力的预防深入各个层次		0.812		
在我们单位，管理者能迅速纠正影响到员工心理健康的问题			0.759	
当危及员工心理健康安全的出现时，管理者能果断地采取行动			0.799	
管理者积极参与并能坚定信心解决员工心理问题			0.784	
在我们单位，就心理安全与健康相关的问题，有畅通的沟通渠道				0.831
我的上司常告诉我有关职业心理健康的信息				0.797
我向单位提出的关于解决职业健康与安全方面的意见或建议常能被倾听				0.846

提取方法：主成分分析法。

旋转法：具有 Kaiser 标准化的正交旋转法。

资料来源：作者整理编制。

表 5.9　社会心理安全氛围的验证性因子分析的相关适配度指标

模型	CMIN 显著性	CMIN/DF	RMSEA	GFI	AGFI	NFI	IFI	CFI
M1	0.000	1.863	0.051	0.959	0.933	0.972	0.987	0.987
评价标准	P<0.01	<2	<0.1	>0.9	>0.9	>0.9	>0.9	>0.9

资料来源：作者根据 AMOS 21.0 统计结果整理。

5.3.5　群体层次变量分析与处理

5.3.5.1　群体层次聚合评估

群体分析的核心问题是确定变量的总变异程度在多大程度上是由整体水平特征决定的（Blese 和 Halverson，1998）。在研究中直接获得团队样本的数据有很大难度。为了解决这个问题，Kirkmanetal（2004）提出，在过去几年的团队层次研究中，大多数学者获得团队水平数据的方法都是先收集个体水平数据，然后再把它们整合到团队水平上。为此,本研究涉及的两个团队层面变量(社会心理安全氛围和团队消极情绪),需要从个体水平的测量聚合到团队水平上,并转变成团队层面的指标。

在整合的过程中,一般需要评估三个常用的统计指标:组内一致性 $Rwg(j)$ 系数(评价同一个车间或部门在不同员工之间的评分一致性程度)、$\sigma2$ 测量值的组内方差、组内相关(1)或 $ICC(1)$(评价不同车间或部门间是否有足够的差异量)。社会心理安全氛围的 $Rwg(j)$、$\sigma2$、$ICC(1)$分别为 0.705、0.427、0.422,符合评价标准,可以聚合到群体层次。团队消极情绪的 $Rwg(j)$、$\sigma2$、$ICC(1)$分别为 0.712、0.478、0.427,符合评价标准,可以聚合到团队层次。

5.3.5.2 群体值的计算

在实际研究中,有多种方法可以把个体数据整合为群体数据,如平均值法、总分法、最大值法、最小值法、全距法等,都是比较常用的数据整合方法。本研究采用的方法是对部分团队成员评价的个体水平数据进行加总平均,从而获得团队水平数据。

第 6 章　假设检验与实证研究结果

本章主要采用频次分析、方差分析、多层次回归、跨层次回归等分析方法，根据样本数据开展假设检验，检验过程分为个体层面假设检验和团队层面假设检验。最后对假设检验的情况做理论层面的阐释，为职场欺负的深入研究奠定基础。

6.1　总体统计分析

本研究以问卷调查收集的数据为基础，运用 SPSS 21.0 进行描述性统计，了解调查样本在各变量分布上的基本情况，同时对人口学变量进行方差分析，讨论不同特征人群在情绪、团队认同、职场欺负和社会心理安全氛围上的差异情况。

6.1.1　描述性统计分析

对本研究所涉及的主要变量进行描述性统计分析的结果见表 6.1，根据统计结果可知，在最大值为 5、最小值为 1 的测度中：消极情绪的均值为 2.27，积极情绪为 3.07，总体而言积极情绪比消极情绪表现要好，说明样本企业中的员工情绪状态趋于平稳；团队认同的均值为 3.44，说明员工对样本企业中的 22 个部门的认同程度较高，员工普遍拥有部门身份感。职场欺负方面，最严重的维度是权利剥夺维度，均值达到 2.73，说明在样本企业中员工在休息、福利等方面的权利无法得到充分保障，经过初步了解发现主要是制造业车间存在“加班赶订单”的情况，生产部门为尽快完成企业生产订单会占用员工很多的休息时间；最轻微的维度是人身攻击，该维度是西方职场欺负的一个标准维度，但在本研究样本（中国情境下）中该维度的均值只有 1.86，说明人身攻击行为在中国企业工作现场表现并不明显，而工作压制、人为贬损和社会排斥的均值结果相当，分别为 2.13、2.12 和 2.09。在社会心理安全氛围上，均值最高的为优先权

（2.90），最低的是投入维度（2.73）。从总体情况来看，社会心理安全氛围均值都超过了 2.5，但都低于 3.0，因此社会心理安全氛围的感知处于中等偏上的位置，但氛围总体并不高。

表 6.1　主要变量的描述性统计

变量	维度	均值	标准差
情绪	消极情绪	2.2737	0.90522
	积极情绪	3.0691	0.82871
团队认同	团队认同	3.4381	0.96213
职场欺负	权利剥夺	2.7331	0.96345
	人为贬损	2.1231	0.91647
	工作压制	2.1349	0.98571
	人身攻击	1.8565	1.06573
	社会排斥	2.0947	1.03203
社会心理安全氛围	承诺	2.8540	1.00227
	优先权	2.8953	1.04758
	沟通	2.8167	1.01137
	投入	2.7331	1.04975

资料来源：本研究整理编制。

6.1.2　方差分析

本节选取职场欺负在性别、年龄段、学历段、企龄段、地域特征的差异进行分析，而雇佣特征在职场欺负上没有显著差异。

6.1.2.1　职场欺负在性别上的差异性分析

表 6.2 是职场欺负的五个维度在性别上的单因素方差分析，分析结果显示，显著相关的是工作压制维度，其他维度不显著。这说明男性和女性在工作压制维度上的职场欺负存在显著性差异，女性更容易受到工作压制方面的欺负，均值和标准差如表 6.3 所示，女性均值为 2.43，明显高于男性均值 2.08。这说明在分配工作任务和要求加班方面，职场欺负的实施者更容易向女性施加压力，女性的反抗性也较低。

表 6.2　职场欺负在性别上的单因素方差分析

维度		平方和	*df*	均方	*F*	显著性
权利剥夺	组间	1.107	1	1.107	1.194	0.275
	组内	305.077	329	0.927		
	总数	306.185	330			
人为贬损	组间	2.727	1	2.727	3.270	0.071
	组内	274.443	329	0.834		
	总数	277.171	330			
工作压制	组间	5.462	1	5.462	5.702	0.018*
	组内	315.139	329	0.958		
	总数	320.600	330			
人身攻击	组间	1.008	1	1.008	0.887	0.347
	组内	373.801	329	1.136		
	总数	374.809	330			
社会排斥	组间	3.661	1	3.661	3.461	0.064
	组内	348.015	329	1.058		
	总数	351.676	330			

注:*代表 $p<0.05$ 的水平下显著相关。

资料来源:本研究整理编制。

表 6.3　男性和女性在工作压制维度上的均值与标准差比较

维度		*N*	均值	标准差	标准误差
工作压制	男性	277	2.0781	0.95874	0.05761
	女性	54	2.4257	1.07672	0.14652
	总数	331	2.1348	0.98566	0.05418

资料来源:本研究整理编制。

6.1.2.2　职场欺负在学历段上的差异分析

表 6.4 是职场欺负的五个维度在学历段上的单因素方差分析,分析结果显示,显著相关的是权利剥夺维度,其他维度不显著。说明不同学历段的员工在权力剥夺型的职场欺负上存在显著性差异,高中、中专与技校类的员工更容易成为受欺负对象,均值和标准差如表 6.5 所示。

表 6.4　职场欺负在学历上的单因素方差分析

维度		平方和	*df*	均方	*F*	显著性
权利剥夺	组间	7.093	2	3.546	3.887	0.021*
	组内	299.223	328	0.912		
	总数	306.316	330			
人为贬损	组间	3.007	2	1.504	1.799	0.167
	组内	274.164	328	0.836		
	总数	277.171	330			
工作压制	组间	2.613	2	1.307	1.348	0.261
	组内	318.026	328	0.970		
	总数	320.639	330			
人身攻击	组间	5.371	2	2.685	2.384	0.094
	组内	369.438	328	1.126		
	总数	374.809	330			
社会排斥	组间	3.691	2	1.845	1.740	0.177
	组内	347.788	328	1.060		
	总数	351.478	330			

注：*代表 $p<0.05$ 的水平下显著相关（双尾检验）。

资料来源：本研究整理编制。

表 6.5　不同学历段在权利剥夺维度上的均值与标准差比较

维度		*N*	均值	标准差	标准误
权利剥夺	初中及以下	217	2.6682	0.96731	0.06567
	高中、中专与技校	73	3.0046	0.91201	0.10674
	大学及以上	41	2.5935	0.96469	0.15066

资料来源：本研究整理编制。

由表 6.5 可知，高中、中专与技校类员工均值为 3.00，明显高于初中及以下（2.67）、大学及以上（2.59）。现场访谈发现，大学及以上的员工一般都从事销售和对外岗位，工作自由度较大，相应的权利也能得到保障；而初中及以下的员工因为技能专属性和现场理解力较低，因此大部分属于司机类和操作类工种，没有监控设备，工作授权较多。但是高中、中专与技校类员工，大部分都从事生产一线高技术工作（有更多的监控设备），工作标准较多、较严，个人发挥自主性的余地较少，因而更容易感知到权利被剥夺。

6.1.2.3　职场欺负在年龄段上的差异分析

表 6.6 是职场欺负的五个维度在年龄段上的单因素方差分析。结果显示，显著相关的是权利剥夺维度，其他维度不显著。说明不同年龄段的员工在权利剥夺维度上的职场欺负存在显著性差异，26~35 岁的员工在权利剥夺上更容易受欺负。

表 6.6　职场欺负在年龄段上的单因素方差分析

维度		平方和	*df*	均方	*F*	显著性
权利剥夺	组间	11.213	3	3.738	4.142	0.007**
	组内	295.103	327	0.902		
	总数	306.316	330			
人为贬损	组间	0.641	3	0.214	0.253	0.859
	组内	276.530	327	0.846		
	总数	277.171	330			
工作压制	组间	0.592	3	0.197	0.202	0.895
	组内	320.047	327	0.979		
	总数	320.639	330			
人身攻击	组间	0.952	3	0.317	0.277	0.842
	组内	373.857	327	1.143		
	总数	374.809	330			
社会排斥	组间	0.486	3	0.162	0.151	0.929
	组内	350.992	327	1.073		
	总数	351.478	330			

注：**代表 $p<0.01$ 的水平下显著相关。

资料来源：本研究整理编制。

不同年龄段在权利剥夺维度上的均值与标准差如表 6.7 所示，26 岁至 35 岁的员工均值为 2.95，明显高于 25 岁及以下（2.54）、36 岁至 45 岁（2.69）和 46 岁及以上（2.44）的员工，46 岁及以上的老员工权利剥夺感较低。实际上，25 岁及以下的员工大都是 95 后，他们个性张扬，自我意识强，乐于强调自己的个性，无所顾忌地表露自己的情绪变化，并将其表现在工作中，也能够随时对其感知到的权利剥夺型欺负予以表达，这一特征在与生产班组长的访谈中得到了印证。同时年长者由于社会地位较高，并且受中国传统“尊老”文化的影响,因此很少会被看作权利剥夺型欺负的对象。

表 6.7　不同年龄段在权利剥夺维度上的均值与标准差比较

维度		N	均值	标准差	标准误
权利剥夺	25 岁及以下	32	2.5417	0.75134	0.13282
	26 岁至 35 岁	117	2.9544	0.95783	0.08855
	36 岁至 45 岁	135	2.6889	1.00099	0.08615
	46 岁及以上	47	2.4397	0.89579	0.13066
	总数	331	2.7331	0.96345	0.05296

资料来源:本研究整理编制。

6.1.2.4　职场欺负在企龄段上的差异分析

表 6.8 是职场欺负的五个维度在企龄段上的单因素方差分析,分析结果显示五个维度均显著。说明不同企龄段的员工在五个维度上的职场欺负存在显著性差异。

表 6.8　职场欺负在企龄段上的单因素方差分析

维度		平方和	df	均方	F	显著性
权利剥夺	组间	27.175	2	13.587	15.973	0.000***
	组内	279.010	328	0.851		
	总数	306.185	330			
人为贬损	组间	33.083	2	16.542	22.228	0.000***
	组内	244.088	328	0.744		
	总数	277.171	330			
工作压制	组间	25.094	2	12.547	13.927	0.000***
	组内	295.506	328	0.901		
	总数	320.600	330			
人身攻击	组间	47.121	2	23.561	23.583	0.000***
	组内	327.687	328	0.999		
	总数	374.809	330			
社会排斥	组间	57.959	2	28.980	32.362	0.000***
	组内	293.716	328	0.895		
	总数	351.676	330			

注:***代表 $p<0.01$ 的水平下显著相关。

资料来源:本研究整理编制。

由表 6.9 可知，企龄在 2 年及以下的员工普遍受欺负，均值最高，在权利剥夺、人为贬损、工作压制、人身攻击和社会排斥五个维度上的均值分别为 2.97、2.40、2.39、2.21、2.47，并且权利剥夺型欺负均值最高；工作年限在 6 年及以上的员工受欺负程度普遍较低，在权利剥夺、人为贬损、工作压制、人身攻击和社会排斥五个维度上的均值分别为 2.30、1.65、1.73、1.30、1.47，人身攻击行为最低。在年龄段和企龄段上出现的差异性表明，组织内部明显存在资历影响欺负的问题。而且员工的身份感知更多地以何时加入企业为标志，这一点间接地影响着员工的心理健康。

表 6.9　职场欺负在企龄段上的均值与标准差比较

维度		*N*	均值	标准差	标准误差
权利剥夺	2 年及以下	146	2.9745	0.90097	0.07456
	3 年至 5 年	90	2.8038	0.95575	0.10074
	6 年及以上	95	2.2952	0.92258	0.09466
	总数	331	2.7331	0.96324	0.05294
人为贬损	2 年及以下	146	2.4058	0.97164	0.08041
	3 年至 5 年	90	2.1639	0.85719	0.09036
	6 年及以上	95	1.6500	0.66684	0.06842
	总数	331	2.1231	0.91647	0.05037
工作压制	2 年及以下	146	2.3857	1.03344	0.08553
	3 年至 5 年	90	2.1590	1.01550	0.10704
	6 年及以上	95	1.7263	0.72100	0.07397
	总数	331	2.1348	0.98566	0.05418
人身攻击	2 年及以下	146	2.2072	1.20321	0.09958
	3 年至 5 年	90	1.8722	1.01412	0.10690
	6 年及以上	95	1.3026	0.52831	0.05420
	总数	331	1.8565	1.06573	0.05858
社会排斥	2 年及以下	146	2.4660	1.05341	0.08718
	3 年至 5 年	90	2.1551	1.04864	0.11054
	6 年及以上	95	1.4664	0.60973	0.06256
	总数	331	2.0946	1.03232	0.05674

资料来源：本研究整理编制。

6.1.2.5 职场欺负在地域特征上的差异分析

表 6.10 是职场欺负的五个维度在地域特征上的单因素方差分析，分析结果显示，显著相关的是人身攻击和社会排斥维度，其他维度不显著。说明不同地域特征的员工在这两个维度上的职场欺负存在显著性差异，外地员工更容易遭到他人有关背景等各方面的嘲笑和戏弄。

表 6.10 不同地域特征在职场欺负各维度上的方差分析

维度		平方和	*df*	均方	*F*	显著性
权利剥夺	组间	0.883	1	0.883	0.952	0.330
	组内	305.302	329	0.928		
	总数	306.185	330			
人为贬损	组间	1.721	1	1.721	2.056	0.153
	组内	275.450	329	0.837		
	总数	277.171	330			
工作压制	组间	2.491	1	2.491	2.577	0.109
	组内	318.109	329	0.967		
	总数	320.600	330			
人身攻击	组间	11.722	1	11.722	10.622	0.001***
	组内	363.087	329	1.104		
	总数	374.809	330			
社会排斥	组间	6.928	1	6.928	6.612	0.011**
	组内	344.747	329	1.048		
	总数	351.676	330			

注：**代表 $p<0.01$ 的水平下显著相关。

资料来源：本研究整理编制。

如表 6.11 所示，在人身攻击维度本地员工均值为 1.67，明显低于外地员工（2.05）；本地员工也容易在组织内形成“非正式组织”，因此会排斥外地人进入由本地人形成的非正式组织，这一点也在社会排斥维度的均值上得到了印证，分别为 1.95 和 2.24。基于地域特征所形成的职场欺负值得管理者的关注。

表 6.11　不同地域特征在人身攻击、社会排斥维度上的均值与标准差比较

维度		N	均值	标准差	标准误
人身攻击	本地人	168	1.6711	1.01159	0.07805
	外地人	163	2.0475	1.08921	0.08531
	总数	331	1.8565	1.06573	0.05858
社会排斥	本地人	168	1.9521	1.03651	0.07997
	外地人	163	2.2415	1.01023	0.07913
	总数	331	2.0946	1.03232	0.05674

资料来源：本研究整理编制。

6.2　研究假设检验

本节对研究假设的检验分为两个过程，一是个体层面的假设检验，即个人-团队差异→团队认同→职场欺负感知，并以团队消极情绪作为调节变量；二是团队层面的研究假设，即社会心理安全氛围→职场欺负感知，并以团队消极情绪作为调节变量。

6.2.1　因果关系检验的方法选择

6.2.1.1　相关分析

统计学原理表明，变量之间存在相关关系是其存在因果关系的必要条件，但是相关关系是非确定性的关系，确定性关系需要进一步进行分析。一般认为$|r|\geqslant 0.8$高度相关；$0.5\leqslant|r|<0.8$中度相关；$0.3\leqslant|r|<0.5$低度相关；$|r|<0.3$关系极弱，认为不相关。

6.2.1.2　控制变量的处理方法

为避免一些非本研究关注的变量对检验过程产生影响，本研究选取了性别（男/女）、年龄段（25 岁及以下/26 岁至 35 岁/36 岁至 45 岁/46 岁及以上）、地域特征（本地人/外地人）、学历段（初中及以下/高中、中专与技校/大学及以上）、企龄段（2 年及以下/3 年至 5 年/6 年及以上）五个控制变量。在回归分析中，因为上述变量都是分类变量，所以必须做虚拟化处理，具体包括：在性别方面，以女性为标准（选为“0”），在男性为“1”；在年龄方面，以46岁及以上为标准（选为“0”），其他年龄段选为“1”；在学历段上，高中、中专与技校为标准（选为“0”），其他学历段选为“1”；在企龄段上，以2年及以下为标准（选为“0”），其他企龄段选为“1”。

6.2.1.3 统计分析方法的选择

（1）单层次研究。在个人-团队差异、团队认同和职场欺负感知的关系检验中，本研究使用SPSS21.0层次回归分析法。层级回归中的“层级”是指自变量之间的关系或等级，即根据自变量之间的关系，并依据产生影响的顺序，将自变量分成多层。层次回归法的优点是能够清晰地分离出自变量对因变量解释的独特贡献，因此在社会科学领域得到广泛应用。

（2）跨层次研究。正如第4章提到的，本研究中的社会心理安全氛围和团队情绪都属于团队属性（group attribute），而不是个体的心理属性（individual psychological attribute），因此需要用到跨层次回归分析。在分析方法的选择上，本研究使用跨层次随机系数模型（Bryk和Raudenbushi，1992）中的跨层次调节模型（cross-level moderator models）来检测两个较低层次构建之间的关系如何被较高层次的变量调节。使用的分析软件为HLM 7.0，并充分借鉴Hofmann等人（2003）的研究设计[①]。

6.2.1.4 中介作用的检验

按照标准定义，中介变量是指，凡是X影响Y，并且X是通过一个中间的变量M对Y产生作用的，那么M就是中介变量。研究中介变量的作用在于在已知关系的基础上探求它们相互之间的作用机制，因此中介变量使得自变量和因变量之间的关系更加清楚。本研究选取的中介变量是“团队认同”，它在个人-团队差异对职场欺负感知的影响中起到中介作用。本研究使用SPSS 21.0软件，采用层次回归法，并遵照Baron和Kenny（1986）的三部曲来验证中介效应：①自变量影响因变量；②自变量影响中介

① 该模型主要检验了团队层次的安全气候对个体层次领导者部署交换与员工的安全公民角色定义之间的调节效应。

变量；③控制中介变量后，自变量对因变量的作用减小了（部分中介）或消失了（完全中介）。

6.2.1.5　调节作用的检验

调节变量用于研究一组关系在不同条件下的变化及其背后的原因，因而研究假设的提出不是笼统地说"Z 在 X 与 Y 的关系中起到调节作用"，而是明确指出"Z 是如何调节 X 和 Y 之间的关系的"。本研究要验证"团队消极情绪"对两个层面的调节作用（即团队成员，无论是职场欺负的实施者还是旁观者，可能在团队消极情绪的影响下出现"涟漪效应"和"旁观者效应"），因属团队层次变量，需要通过跨层次回归分析法来验证调节作用。检验的方法采用多元调节回归分析（Moderated Multiple Regression，MMR），即构造自变量和调节变量的乘积，然后将乘积项放到跨层次回归模型中。为更有效地说明跨层次调节模型的应用，需要建立如下分析模型。

1. 团队消极情绪对个体层面机制的调节检验

为了分析团队消极情绪在"个体-团队差异→职场欺负感知"中的调节作用，HLM 分析程序分为四步：第一步为零模型；第二步为随机模型；第三步为截距模型，即观察团队消极情绪对职场欺负的影响；第四步为斜率模型，将团队消极情绪作为斜率系数的预测因子，以得出变量是否可以解释斜率的变异，从而检验团队消极情绪的调节效应。模型设置如下。

Level-1 Model

$$\text{职场欺负}_{ij}=\beta_{0j}+\beta_{1j}\times(\text{性别差异}_{ij})+\beta_{2j}\times(\text{地域差异}_{ij})+\beta_{3j}\times(\text{企龄差异}_{ij})+\beta_{4j}\times(\text{团队认同}_{ij})+r_{ij}$$

Level-2 Model

$$\beta_{0j}=\gamma_{00}+\gamma_{01}\times(\text{团队情绪}_{j})+u_{0j}$$

$$\beta_{1j}=\gamma_{10}+\gamma_{11}\times(\text{团队情绪}_{j})+u_{1j}$$

$$\beta_{2j}=\gamma_{20}+\gamma_{21}\times(\text{团队情绪}_{j})+u_{2j}$$

$$\beta_{3j}=\gamma_{30}+\gamma_{31}\times(\text{团队情绪}_{j})+u_{3j}$$

$$\beta_{4j}=\gamma_{40}+\gamma_{41}\times(\text{团队情绪}_{j})+u_{4j}$$

Mixed Model

$$职场欺负_{ij}=\gamma_{00}+\gamma_{01}\times 团队情绪_j+\gamma_{10}\times 性别差异_{ij}+\gamma_{11}\times 团队情绪_j\times 性别差异_{ij}+\gamma_{20}\times 地域差异_{ij}+\gamma_{21}\times 团队情绪_j\times 地域差异_{ij}+\gamma_{30}\times 企龄差异_{ij}+\gamma_{31}\times 团队情绪_j\times 企龄差异_{ij}+\gamma_{40}\times 团队认同_{ij}+\gamma_{41}\times 团队情绪_j\times 团队认同_{ij}+u_{0j}+u_{1j}\times 性别差异_{ij}+u_{2j}\times 地域差异_{ij}+u_{3j}\times 企龄差异_{ij}+u_{4j}\times 团队认同_{ij}+r_{ij}$$

2. 团队消极情绪对团队层面机制的调节检验

为了分析团队情绪在“社会心理安全氛围→职场欺负感知”中的调节作用，HLM分析程序分为三步：第一步为控制模型（以性别、年龄、企龄和地域特征作为个体层次控制变量）；第二步为主效应模型，即检验社会心理安全氛围对职场欺负的影响；第三步为调节效应模型，即社会心理安全氛围和团队消极情绪的乘积交互项，检验调节效应。

Level-1 Model

$$职场欺负_{ij}=\beta_{0j}+\beta_{1j}\times(性别_{ij})+\beta_{2j}\times(年龄_{ij})+\beta_{3j}\times(企龄_{ij})+\beta_{4j}\times(地域_{ij})+r_{ij}$$

Level-2 Model

$$\beta_{0j}=\gamma_{00}+\gamma_{01}\times(社会心理安全氛围_j)+\gamma_{02}\times(社会心理安全氛围\times 团队消极情绪_j)+u_{0j}$$

$$\beta_{1j}=\gamma_{10}+u_{1j}$$

$$\beta_{2j}=\gamma_{20}+u_{2j}$$

$$\beta_{3j}=\gamma_{30}+u_{3j}$$

$$\beta_{4j}=\gamma_{40}+u_{4j}$$

Mixed Model

$$职场欺负_{ij}=\gamma_{00}+\gamma_{01}\times 社会心理安全氛围_j+\gamma_{02}\times 社会心理安全氛围\times 团队消极情绪_j+\gamma_{10}\times 性别_i+\gamma_{20}\times 年龄_{ij}+\gamma_{30}\times 企龄_{ij}+\gamma_{40}\times 地域_{ij}+u_{0j}+u_{1j}\times 性别_{ij}+u_{2j}\times 年龄_{ij}+u_{3j}\times 企龄_{ij}+u_{4j}\times 地域_{ij}+r_{ij}$$

6.2.2　个体-团队差异对职场欺负的影响作用检验

6.2.2.1　相关分析

本部分涉及的个体-团队差异（性别差异、地域差异和企龄差异）、职场欺负的五个维度以及团队认同之间的相关关系如表 6.12 所示。本研究采用的是皮尔逊相关系数，从表 6.12 可知，本研究涉及的主要变量之间关系相关系数的绝对值都大于 0.3，可能存在因果关系，适合做进一步的回归分析。

表 6.12　本部分主要变量间的相关分析

变量	权利剥夺	人为贬损	工作压制	人身攻击	社会排斥	性别差异	地域差异	企龄差异	团队认同
权利剥夺	1								
人为贬损	0.340**	1							
工作压制	0.375**	0.672**	1						
人身攻击	0.311**	0.734**	0.719**	1					
社会排斥	0.475**	0.626**	0.619**	0.671**	1				
性别差异	0.133*	0.189**	0.197**	0.195**	0.156**	1			
地域差异	0.384**	0.456**	0.438**	0.399**	0.511**	0.099	1		
企龄差异	-0.183**	-0.242**	-0.127*	-0.216**	-0.231**	0.200**	-0.153**	1	
团队认同	-0.084	-0.391**	-0.366**	-0.361**	-0.310**	-0.120*	-0.160**	0.028	1

注：***代表 $p<0.001$ 的水平下显著相关；**代表 $p<0.01$ 的水平下显著相关；*代表 $p<0.05$ 的水平下显著相关。

资料来源：本研究整理编制。

6.2.2.2　个体-团队差异对权利剥夺的影响检验

将职场欺负的维度之一“权利剥夺”作为因变量，将相关控制变量、个体-团队差异各维度、团队认同作为自变量分别进入层次回归模型 1、模型 2 和模型 3，统计结果如表 6.13 所示。根据表 6.13 可知，控制变量中的年龄和企龄对模型起到了控制作用。个体-团队差异各维度中的性别差异（r=0.201, p<0.01）、地域差异（r=0.331, p<0.001）和企龄差异（r=−0.119, p<0.05）对权利剥夺都有显著性影响。

表 6.13　个体-团队差异对权利剥夺的层次回归模型

模型	模型 1		模型 2		模型 3	
	标准系数	Sig.	标准系数	Sig.	标准系数	Sig.
第一步						
性别	−0.058	0.281	0.094	0.179	0.093	0.184
年龄	0.117*	0.030	0.120*	0.016	0.120*	0.016
企龄	0.216***	0.000	0.145**	0.006	0.145**	0.006
地域	0.048	0.372	0.018	0.719	0.018	0.726
第二步						
性别差异			0.201**	0.006	0.200**	0.006
地域差异			0.331***	0.000	0.330***	0.000
企龄差异			−0.119*	0.026	−0.119*	0.027
第三步						
团队认同					−0.003	0.947
调整后的 R^2	0.057		0.201		0.199	

注：* $p<0.05$；** $p<0.01$；*** $p<0.001$。

资料来源：作者整理编制。

此检验结果表明，在权利剥夺上：女性较容易受欺负，同时女性所在的团队男性成员越多，她的工作权利越容易被剥夺；低企龄段员工更容易被剥夺工作权利，高企龄段员工被剥夺权利的难度较大，而且高企龄段员工比例越低，他的工作权利越被强化；在地域特征上，本地人和外地人在权利剥夺上没有显著性差异，但是个体一旦进入“自己属于少数人”的工作群体，工作权利被剥夺的可能性就会变大。当模型引入中介变量“团队认同”后，团队认同对权利剥夺的影响不显著，并且性别差异（r=0.020，p<0.001）、地域差异（r=0.330，p<0.001）对权利剥夺的影响依然显著，但没有明显差异，说明团队认同的中介作用不明显。权利剥夺型职场欺负，可能受到其他中介变量影响，需要进一步研究。

进一步讨论团队消极情绪的调节作用，运用 HLM 7.0，检验结果如表 6.14 所示。零模型 M_0 假设的是权利剥夺型欺负可由个人层次和团队层次来预测，因此零模型实际上是基于 22 个团队进行的 ANOVA 分析，分析表明权利剥夺存在组间差异，其 ICC

(1)=0.204,表明权利剥夺的方差有 20.4% 是来自组间方差,其余 79.6%来自组内方差;在随机模型 M_1 中,因考虑到分组的控制作用,个体-团队的性别差异不明显,说明其受到不同团队的控制,地域差异、企龄和团队认同的影响依旧明显;在截距模型 M_2 中,团队消极情绪的影响显著,说明不同团队由于消极情绪的差异,会引起个体在权利剥夺感知上的差异。

表 6.14　团队情绪对个体-团队差异→团队认同→权利剥夺的调节作用

因变量	权利剥夺			
模型	零模型 M_0	随机模型 M_1	截距模型 M_2	斜率模型 M_3
截距项 γ_{00}	2.70***	1.92**	1.126***	1.20***
性别差异 γ_{10}		0.32	0.01	-0.59
地域差异 γ_{20}		1.635***	1.63***	1.827
企龄差异 γ_{30}		-0.051*	-0.04	-0.355
团队情绪 γ_{01}			0.700***	0.666***
性别差距 × 团队情绪 γ_{11}				0.269
地域差距 × 团队情绪 γ_{21}				-0.092
企龄差距 × 团队情绪 γ_{31}				0.14*
方差项				
σ^2	0.74	0.63	0.62	0.61
τ_{00}	0.19***	0.43***	0.06***	0.06***

注:N(个体内)=331, N(团队)= 22;预测变量所对应的数值为在稳健的标准误差(robust standard errors)下的固定效果估计数;*代表 $p<0.05$;**代表 $p<0.01$;***代表 $p<0.001$。

资料来源:作者整理编制。

在斜率模型 M_3 中,根据调节效应的检验方法,可知团队消极情绪对企龄差异→人为贬损具有调节作用,二者交互项的估计数在统计上显著。如图 6.1 所示,当团队消极情绪水平较高时,个人与其他成员的企龄差异越大,其权利被剥夺的可能性就越高,而当团队消极情绪水平较低时,这种关系向相反方向发展,即并不存在权利被剥夺的情况。

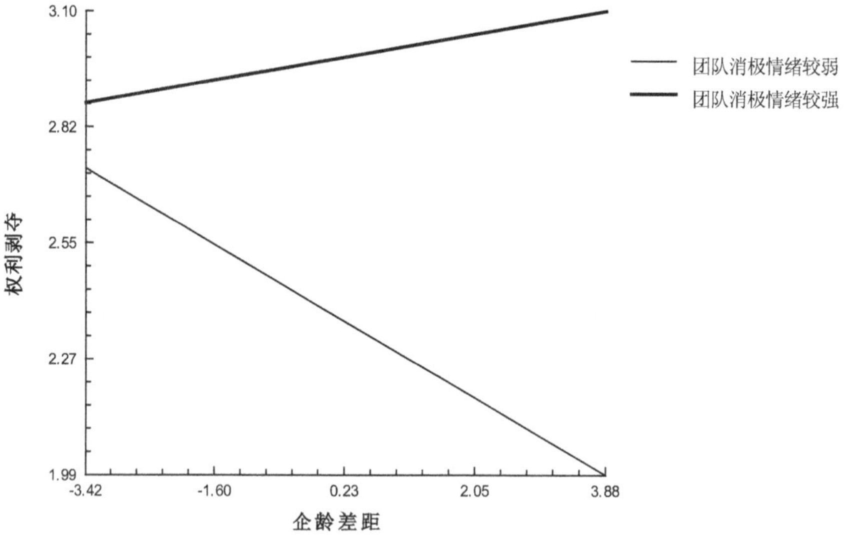

图 6.1　团队消极情绪对企龄差异→权利剥夺的调节作用

资料来源:作者整理设计。

6.2.2.3　个体-团队差异对人为贬损的影响检验

将职场欺负的维度之一“人为贬损”作为因变量,将相关控制变量、个体-团队差异各维度、团队认同作为自变量分别进入层次回归模型 1、模型 2 和模型 3,统计结果如表 6.15 所示。根据表 6.15 可知,个体-团队差异各维度中的性别差异(r=0.275,p<0.001)、地域差异(r=0.380,p<0.001)和企龄差异(r=−0.174,p<0.001)对人为贬损都有显著性影响,在进一步分析控制变量中,只有企龄的影响显著,对模型起到了控制作用。

表 6.15　个体-团队差异对人为贬损的层次回归模型

模型	模型 1		模型 2		模型 3	
	标准系数	Sig.	标准系数	Sig.	标准系数	Sig.
第一步						
性别差异	−0.085	0.112	0.118	0.073	0.080	0.198
年龄	−0.056	0.294	−0.053	0.254	−0.033	0.449
企龄	0.275***	0.000	0.186***	0.000	0.175***	0.000
地域	0.071	0.180	0.034	0.475	0.001	0.988

续表

模型	模型 1		模型 2		模型 3	
	标准系数	Sig.	标准系数	Sig.	标准系数	Sig.
第二步						
性别差异			0.275***	0.000	0.221***	0.001
地域差异			0.380***	0.000	0.340***	0.000
企龄差异			−0.174***	0.001	−0.165***	0.001
第三步						
团队认同					−0.296***	0.000
调整后的 R^2	0.081		0.297		0.379	

注:* 代表 $p<0.05$;**代表 $p<0.01$;***代表 $p<0.001$。

资料来源:作者整理编制。

此检验结果表明:在人为贬损上,女性并不一定是受欺负对象,女性只有在男性成员较多的团队中,声誉等才可能被人为贬损,这反映了本研究的样本企业所属制造业普遍存在的“性别歧视问题”,但这一点在电子信息制造业(需要手工纤细的工种)并不多见;低企龄段员工更容易被人为贬损,高企龄段的员工被人为贬损的难度较大,而且高企龄段员工比例越低,他受贬损欺负的可能性越小;在地域特征上,本地人和外地人在人为贬损上都没有显著性差异,但是个体一旦进入“自己属于少数人”的工作群体,遭受人为贬损型欺负的可能性就会变大。

当模型引入中介变量“团队认同”后,团队认同(r=−0.296,p<0.001)对人为贬损的影响显著,性别差异(r=0.221,p<0.001)、地域差异(r=0.340,p<0.001)和企龄差异(r=−0.165, p<0.001)对人为贬损的影响依然显著,并且回归系数有所降低,说明团队认同起到了部分中介作用。

进一步讨论团队消极情绪的调节作用,运用 HLM 7.0,检验结果如表 6.16 所示。零模型 M_0 假设的是人为贬损型欺负可由个人层次和团队层次来预测,因此零模型实际上是基于 22 个团队进行的 ANOVA 分析,分析表明人为贬损存在组间差异,其 ICC(1)=0.420,表明权利剥夺的方差有 42.0%是来自组间方差,其余 58.0%来自组内方差;在随机模型 M_1 中,因考虑到分组的控制作用,个体-团队的性别差异、企龄差异不明显,说明这两项差异受到不同团队的控制,地域差异和团队认同的影响依旧明显;在

截距模型 M_2 中，团队消极情绪的影响显著，说明不同团队由于消极情绪的差异，会引起受欺负者在人为贬损感知上的差异；在斜率模型 M_3 中，根据调节效应的检验方法，可知团队消极情绪对地域差异→人为贬损具有调节作用，二者交互项的估计数在统计上显著。如图 6.2 所示，团队消极情绪水平较高时的斜率明显高于团队消极情绪水平较低时的斜率，说明人为贬损会因团队消极情绪水平增高而加剧。

表 6.16　团队情绪对个体-团队差异→团队认同→人为贬损的调节作用

因变量	人为贬损			
模型	零模型 M_0	随机模型 M_1	截距模型 M_2	斜率模型 M_3
截距项 γ_{00}	2.09***	1.53***	0.01	1.79*
性别差异 γ_{10}		0.24	−0.07	−1.55
地域差异 γ_{20}		1.74***	1.61***	-0.31
企龄差异 γ_{30}		−0.02	−0.01	-0.09
团队认同 γ_{40}		−0.13*	−0.12*	−0.07
团队情绪 γ_{01}			0.74***	−0.12
性别差距 × 团队情绪 γ_{11}				0.70
地域差距 × 团队情绪 γ_{12}				0.90*
企龄差距 × 团队情绪 γ_{13}				0.04
团队认同 × 团队情绪 γ_{14}				−0. 02
方差项				
σ^2	0.47	0.33	0.33	0.33
τ_{00}	0.34***	0.26*	0.81**	0.59*

注：N(个体内)=331，N(团队)= 22；预测变量所对应到的数值为在稳健的标准误差(robust standard errors)下的固定效果估计数；*代表 p<0.05；**代表 p<0.01；***代表 p<0.001。

资料来源：作者整理编制。

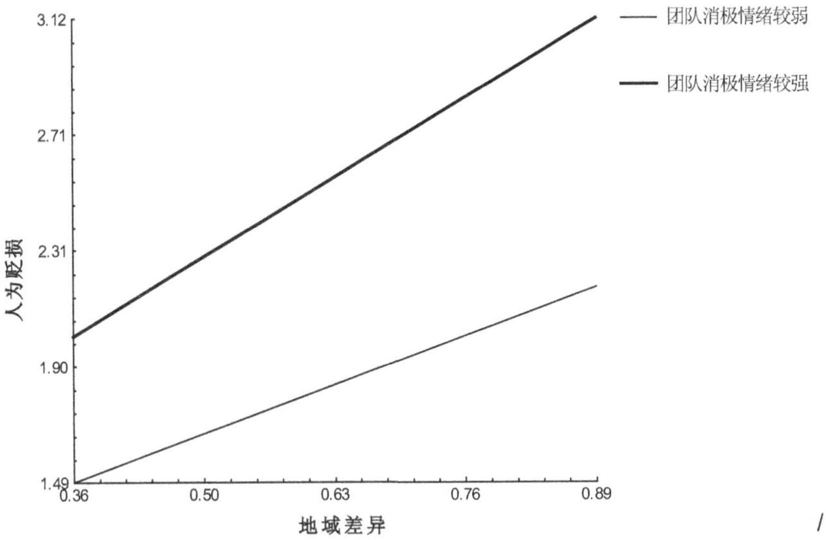

图 6.2　团队消极情绪对地域差异→人为贬损的调节作用

资料来源:作者整理设计。

6.2.2.4　个体-团队差异对工作压制的影响检验

将职场欺负的维度之一“工作压制”作为因变量,将相关控制变量、个体-团队差异各维度、团队认同作为自变量分别进入层次回归模型 1、模型 2 和模型 3,统计结果如表 6.17 所示。根据表 6.17 可知,个体-团队差异各维度中的性别差异(r=0.209, p<0.01)、地域差异(r=0.385, p<0.001)对人为贬损都有显著性影响,进一步分析,控制变量中只有企龄的影响显著。

表 6.17　个体-团队差异对工作压制的层次回归模型

模型	模型 1		模型 2		模型 3	
	标准系数	Sig.	标准系数	Sig.	标准系数	Sig.
第一步						
性别差异	−0.119*	0.027	0.048	0.486	0.011	0.862
年龄差异	−0.001	0.983	0.001	0.983	0.020	0.665
企龄差异	0.224***	0.000	0.165***	0.001	0.154**	0.002
地域差异	0.077	0.150	0.040	0.423	0.008	0.867
第二步						

续表

模型	模型 1		模型 2		模型 3	
	标准系数	Sig.	标准系数	Sig.	标准系数	Sig.
性别差异			0.209**	0.003	0.157*	0.020
地域差异			0.385***	0.000	0.346***	0.000
企龄差异			−0.057	0.273	−0.049	0.327
第三步						
团队认同					−0.283***	0.000
调整后的 R^2	0.062		0.235		0.310	

注:*代表 $p<0.05$;**代表 $p<0.01$;***代表 $p<0.001$。

资料来源:作者整理编制。

此检验结果表明:在工作压制上,女性并不一定是受欺负对象,女性只有在男性成员较多的团队中,才会受到工作压制方面的欺负;低企龄员工是工作压制的对象,无论其团队构成情况如何;在地域特征上,无论是本地人还是外地人在工作压制上没有显著性差异,但是个体一旦进入"自己属于少数人"的工作群体,遭受工作压制的可能性就会变大。当模型引入中介变量"团队认同"后,团队认同(r=−0.283,$p<0.001$)对工作压制的影响显著,性别差异(r=0.157,$p<0.05$)和地域差异(r=0.346,$p<0.001$)对工作压制的影响依然显著,并且回归系数有所降低,说明团队认同起到部分中介作用。

进一步讨论团队消极情绪的调节作用,运用 HLM 7.0,检验结果如表 6.18 所示。零模型 M_0 假设的是工作压制型欺负可由个人层次和团队层次来预测,因此零模型实际上是基于 22 个团队进行的 ANOVA 分析,分析表明工作压制存在组间差异,其 ICC(1)=0.400,表明权利剥夺的方差有 40.0%是来自组间方差,其余 60.0%来自组内方差;在随机模型 M_1 中,因考虑到分组的控制作用,个体-团队的性别差异和团队认同不明显,说明这两项差异受到不同团队的控制,地域差异的影响依旧明显;在截距模型 M_2 中,团队消极情绪的影响显著,说明不同团队由于消极情绪的差异,会引起个体在工作压制感知上的差异;在斜率模型 M_3 中,根据调节效应的检验方法,可知团队消极情绪对地域差异→工作压制具有调节作用,二者交互项的估计数在统计上显著。如图 6.3 所示,当团队消极情绪较强时的斜率明显高于较弱时的斜率时,工作压制会因为团队消极情绪变强而加剧。

表 6.18　团队情绪对个体-团队差异→团队认同→工作压制的调节作用

因变量	工作压制			
模型	零模型 M_0	随机模型 M_1	截距模型 M_2	斜率模型 M_3
截距项 γ_{00}	2.09***	1.13***	−0.05	−0.14
性别差异 γ_{10}		0.39	0.39	−0.59
地域差异 γ_{20}		1.92***	1.85***	−1.11
团队认同 γ_{30}		−0.06	−0.03	0.01
团队情绪 γ_{01}			0.96***	1.00***
性别差距 × 团队情绪 γ_{11}				0.358
地域差距 × 团队情绪 γ_{12}				1.39***
团队认同 × 团队情绪 γ_{13}				−0.015
方差项				
σ^2	0.57	0.44	0.43	0.42
τ_{00}	0.38***	0.28***	0.06***	0.07***

注：N(个体内)=331，N(团队)= 22；预测变量所对应到的数值为在稳健的标准误差(robust standard errors)下的固定效果估计数；* $p<0.05$；**$p<0.01$；***$p<0.001$。

资料来源：作者整理编制。

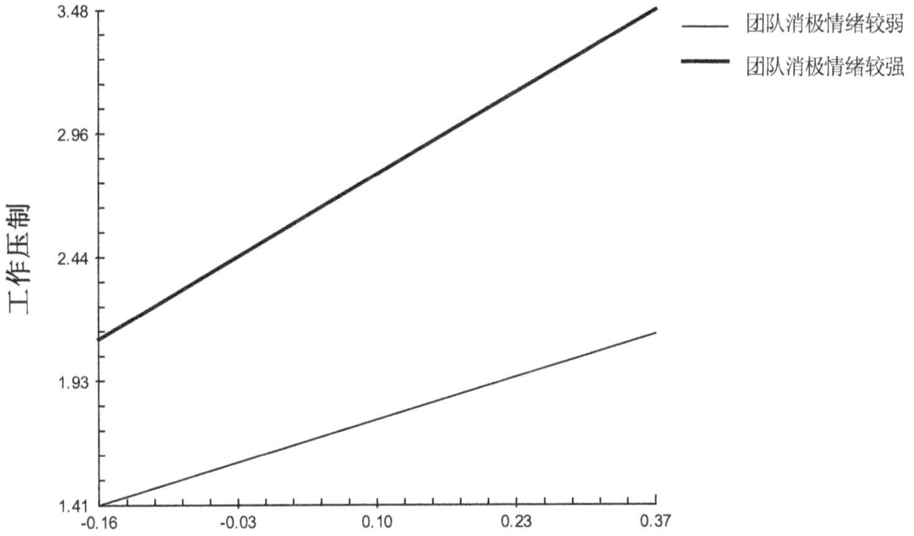

图 6.3　团队消极情绪对地域差异→工作压制的调节作用

资料来源：作者整理设计。

6.2.2.5 个体-团队差异对人身攻击的影响检验

将职场欺负的维度之一“人身攻击”作为因变量，将相关控制变量、个体-团队差异各维度、团队认同作为自变量分别进入层次回归模型 1、模型 2 和模型 3，统计结果如表 6.19 所示。

根据表 6.19 可知，个体-团队差异各维度中的性别差异（r=0.333，p<0.001）、地域差异（r=0.318，p<0.001）和企龄差异（r=-0.157，p<0.01）对人身攻击都有显著性影响，进一步分析，年龄和企龄的影响也显著。此检验结果表明：在人身攻击上，女性较容易成为受欺负对象，同时女性在男性成员越多的团队，遭受人身攻击的可能性越大；低企龄段员工更容易遭遇人身攻击型欺负，高企龄段的员工遭受这种类型欺负的可能性较小，而且高企龄段员工比例越少，越不容易被欺负；在地域特征上，外地人容易受欺负，尤其是他们会因外地背景而遭受攻击和谩骂，当外地人属于少数群体时，更有可能遭受人身攻击。当带入中介变量“团队认同”进入模型后，团队认同（r=−0.255，p<0.001）对人身攻击的影响显著，个体-团队差异各维度中的性别差异（r=0.287，p<0.001）、地域差异（r=0.283，p<0.001）和企龄差异（r=−0.149，p<0.01）对人身攻击的影响依然显著，并且回归系数有所降低，说明团队认同起到了部分中介作用。

表 6.19 个体-团队差异对人身攻击的层次回归模型

模型	模型 1		模型 2		模型 3	
	标准系数	Sig.	标准系数	Sig.	标准系数	Sig.
第一步						
性别差异	−0.029	0.579	0.211***	0.001	0.178**	0.005
年龄差异	−0.031	0.551	−0.030	0.520	−0.013	0.772
企龄差异	0.293***	0.000	0.224***	0.000	0.215***	0.000
地域差异	0.174***	0.001	0.130**	0.007	0.102*	0.027
第二步						
性别差异			0.333***	0.000	0.287***	0.000
地域差异			0.318***	0.000	0.283***	0.000
企龄差异			−0.157**	0.002	−0.149**	0.002

续表

模型	模型 1		模型 2		模型 3	
	标准系数	Sig.	标准系数	Sig.	标准系数	Sig.
第三步						
团队认同					−0.255***	0.000
调整后的 R^2	0.108		0.289		0.349	

注：* 代表 $p<0.05$；** 代表 $p<0.01$；*** 代表 $p<0.001$。

资料来源：作者整理编制。

进一步讨论团队消极情绪的调节作用，运用 HLM 7.0，检验结果如表 6.20 所示。零模型 M_0 假设的是人身攻击型欺负可由个人层次和团队层次来预测，因此零模型实际上是基于 22 个团队进行的 ANOVA 分析，分析表明人身攻击存在组间差异，其 ICC（1）=0.510，表明权利剥夺的方差有 51.0%是来自组间方差，其余 49.0%来自组内方差；在随机模型 M_1 中，因考虑到分组的控制作用，个体-团队的性别差异、企龄差异、团队认同不明显，说明这三个变量受到不同团队的控制；在截距模型 M_2 中，团队消极情绪的影响显著，说明不同团队由于消极情绪的差异，会引起个体在人身攻击感知上的差异；在斜率模型 M_3 中，根据调节效应的检验方法，可知团队消极情绪对地域差异→人身攻击具有调节作用，二者交互项的估计数在统计上显著。如图 6.4 所示，当团队消极情绪水平较高时的斜率明显高于较低时的斜率时，人身攻击会因团队消极情绪水平增强而加剧。

表 6.20　团队情绪对个体-团队差异→团队认同→人身攻击的调节作用

因变量	人身攻击			
模型	零模型 M_0	随机模型 M_1	截距模型 M_2	斜率模型 M_3
截距项 γ_{00}	1.82***	1.28***	−0.92***	−0.939**
性别差异 γ_{10}		−0.03	−0.359	−0.638
地域差异 γ_{20}		1.698***	1.706***	−2.42
企龄差异 γ_{30}		−0.02	−0.011	0.018
团队认同 γ_{40}		−0.08*	−0.059	−0.018
团队情绪 γ_{01}			1.22***	1.23***
性别差距 × 团队情绪 γ_{11}				0.088
地域差距 × 团队情绪 γ_{12}				1.90***

续表

因变量	人身攻击			
企龄差距 × 团队情绪 γ_{13}				−0.01
团队认同 × 团队情绪 γ_{14}				−0.02
方差项				
σ^2	0.55	0.43	0.42	0.42
τ_{00}	0.57***	0.06*	0.08***	0.08***

注：N(个体内)=331，N(团队)= 22；预测变量所对应的数值为在稳健的标准误(robust standard errors)下的固定效果估计数；*代表 $p<0.05$；**代表 $p<0.01$；***代表 $p<0.001$。

资料来源：作者整理编制。

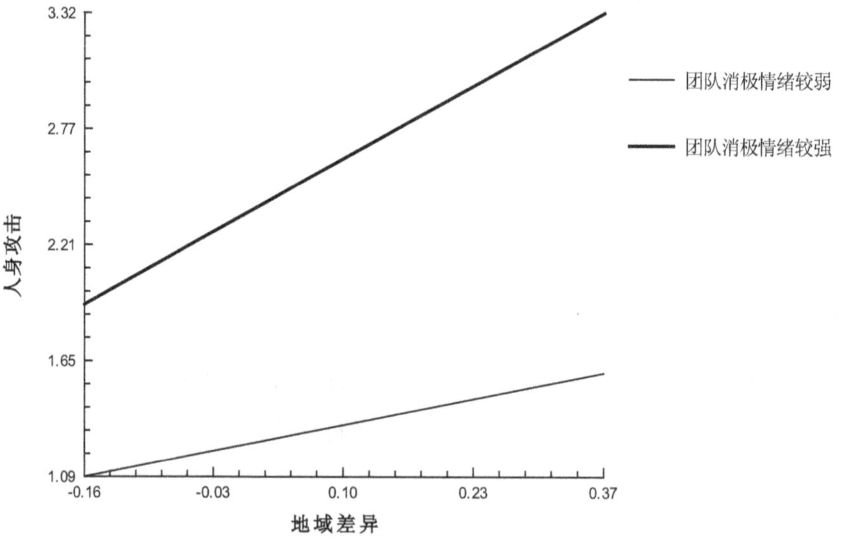

图 6.4　团队消极情绪对地域差异→人身攻击的调节作用

资料来源：作者整理设计。

6.2.2.6　个体-团队差异对社会排斥的影响检验

将职场欺负的维度之一“社会排斥”作为因变量，将相关控制变量、个体-团队差异各维度、团队认同作为自变量分别进入层次回归模型 1、模型 2 和模型 3，统计结果如表 6.21 所示。

表 6.21　个体-团队差异对社会排斥的层次回归模型

模型	模型 1		模型 2		模型 3	
	标准系数	Sig.	标准系数	Sig.	标准系数	Sig.
第一步						
性别差异	−0.085	0.101	0.056	0.378	0.029	0.634
年龄差异	0.024	0.644	0.028	0.528	0.042	0.334
企龄差异	0.317***	0.000	0.223***	0.000	0.215***	0.000
地域差异	0.132*	0.011	0.103*	0.024	0.080	0.073
第二步						
性别差异			0.175**	0.007	0.138*	0.030
地域差异			0.438***	0.000	0.410***	0.000
企龄差异			−0.134**	0.006	-0.127**	0.007
第三步						
团队认同					−0.205***	0.000
调整后的 R^2	0.119		0.349		0.388	

注：* $p<0.05$；** $p<0.01$；*** $p<0.001$。

资料来源：作者整理编制。

根据表 6.21 可知，个体-团队差异各维度中的性别差异（$r=0.175$，$p<0.01$）、地域差异（$r=0.438$，$p<0.001$）和企龄差异（$r=-0.134$，$p<0.01$）对社会排斥都有显著性影响，进一步分析，年龄和企龄的影响也显著。此检验结果表明：在社会排斥上，女性只有在男性成员较多的团队，才可能遭到社会排斥；低企龄段员工更容易被社会排斥，高企龄段的员工被排斥的可能性较小，而且高企龄段员工比例越低，遭受排斥的可能性就越低；在地域特征上，无论是本地人还是外地人在社会排斥上没有显著性差异，当外地人属于少数群体时，其更有可能遭受社会排斥。当模型引入中介变量“团队认同”后，团队认同（$r=-0.205$，$p<0.001$）对社会排斥的影响显著，个体-团队差异各维度中的性别差异（$r=0.138$，$p<0.05$）、地域差异（$r=0.410$，$p<0.001$）和企龄差异（$r=-0.127$，$p<0.01$）对社会排斥的影响依然显著，并且回归系数有所降低，说明团队认同起到了部分中介作用。

进一步讨论团队消极情绪的调节作用，运用 HLM 7.0，检验结果如表 6.22 所示。零模型 M_0 假设的是社会排斥型欺负可由个人层次和团队层次来预测，因此零模型实际上是基于 22 个团队进行的 ANOVA 分析，分析表明社会排斥存在组间差异，其 ICC

(1)=0.431,表明权利剥夺的方差有43.1%来自组间方差,其余56.9%来自组内方差;在随机模型 M_1 中,因考虑到分组的控制作用,个体-团队的性别差异、企龄差异、组织认同都不明显,说明它们受到不同团队的控制,地域差异对团队认同的影响依旧明显;在截距模型 M_2 中,团队消极情绪的影响显著,说明不同团队由于消极情绪的差异,会引起个体在社会排斥感知上的差异;在斜率模型 M_3 中,根据调节效应的检验方法,可知交互项显著性都不强,团队情绪在"个体-团队差异→团队认同→社会排斥"中没有起到调节作用。

表 6.22　团队情绪对个体-团队差异→团队认同→社会排斥的调节作用

因变量	社会排斥			
模型	零模型 M_0	随机模型 M_1	截距模型 M_2	斜率模型 M_3
截距项 γ_{00}	2.07***	0.715**	−0.143	−0.33
性别差异 γ_{10}		0.049	−0.028	−2.547
地域差异 γ_{20}		2.328***	2.376	1.895
企龄差异 γ_{30}		0.013	0.015	0.137
团队认同 γ_{40}		−0.016	−0.020	0.275*
团队情绪 γ_{01}			0.986***	1.07***
性别差距 × 团队情绪 γ_{11}				1.087
地域差距 × 团队情绪 γ_{21}				0.205
企龄差距 × 团队情绪 γ_{31}				−0.054
团队认同 × 团队情绪 γ_{41}				−0.123
方差项				
σ^2	0.62	0.40	0.41	0.40
τ_{00}	0.44***	0.45	0.09***	0.08***

注:N(个体内)=331,N(团队)= 22;预测变量所对应的数值为在稳健的标准误(robust standard errors)下的固定效果估计数;*代表 $p<0.05$;**代表 $p<0.01$;***代表 $p<0.001$。

资料来源:作者整理编制。

6.2.3　社会心理安全氛围对职场欺负的影响及团队情绪调节作用的检验

6.2.3.1　相关分析

本部分涉及的社会心理安全氛围感知、职场欺负感知和团队认同彼此之间的相关关系如表 6.23 所示。本研究采取的是皮尔逊相关系数，从表 6.23 可知，本研究涉及的主要变量之间关系相关系数绝对值都大于 0.3，可能存在进一步的因果关系，适合做进一步的回归分析。

表 6.23　本部分主要变量间的相关分析

变量	权利剥夺	人为贬损	工作压制	人身攻击	社会排斥	安全氛围
权利剥夺	1					
人为贬损	0.340**	1				
工作压制	0.376**	0.672**	1			
人身攻击	0.311**	0.734**	0.719**	1		
社会排斥	0.475**	0.626**	0.619**	0.671**	1	
PSC	−0.465**	−0.449**	−0.524**	−0.535**	−0.482**	1

注：**代表 $p<0.01$ 的水平下显著相关（双尾检验）。

资料来源：本研究整理编制。

6.2.3.2　社会心理安全氛围对权利剥夺的影响检验

将权利剥夺作为结果变量，将个体层次控制变量、社会心理安全氛围、社会心理安全氛围和团队消极情绪的乘积分别代入跨层次回归模型，结果如表 6.24 所示。结果显示：控制模型 M_1 中，以性别、年龄、企龄和地域特征作为个体层次控制变量，企龄起到控制作用；在主效应模型 M_2 中，社会心理安全氛围对权利剥夺的回归系数估计为-0.52（显著）；在调节效应模型 M_3 中，社会心理安全氛围和团队消极情绪的乘积交互项对权利剥夺的回归系数为 0.16（显著），表明团队消极情绪具有调节作用。

表 6.24　社会心理安全氛围对权利剥夺的影响检验

因变量	权利剥夺		
模型	控制模型 M_1	主效应模型 M_2	调节模型 M_3
截距项 γ_{00}	2.508***	4.158***	3.97***
性别 β_{10}	-0.087	−0.04	−0.05
年龄 β_{20}	0.178	0.12	0.13
企龄 β_{30}	0.356**	0.216*	0.196*
地域特征 β_{40}	−0.019	0.027	0.001

续表

因变量	权利剥夺		
社会心理安全氛围 γ_{01}		−0.52***	−1.318**
社会心理安全氛围 × 团队消极情绪 γ_{02}			0.164*
方差项			
σ^2	0.68	0.59	0.59
τ_{00}	0.44	0.17	0.12

注：*N*（个体内）=331，*N*（团队）= 22；预测变量所对应到的数值为在稳健的标准误差（robust standard errors）下的固定效果估计数；* 代表 $p<0.05$；**代表 $p<0.01$；***代表 $p<0.001$。

资料来源：作者整理编制。

研究结果表明：部门或生产车间的管理者只有在员工工作过程中，重视与心理健康相关的政策、规程和行为实践，才能有效提高员工的工作价值感、工作自由度、工作休息条件。但在团队消极情绪水平较高的时候，社会心理安全氛围的作用会降低，职场中无论是欺负者本人还是旁观者，都会因为其消极情绪而对他人实施权利剥夺行为，受欺负者也会因在工作上的合法权利和正当权利被他人剥夺，而受到莫大的心理伤害。

6.2.3.3 社会心理安全氛围对人为贬损的影响检验

将人为贬损作为结果变量，将个体层次控制变量、社会心理安全氛围、社会心理安全氛围和团队消极情绪的乘积分别代入跨层次回归模型，结果如表 6.25 所示。结果显示：控制模型 M_1 中，以性别、年龄、企龄和地域特征作为个体层次控制变量，年龄和企龄起到控制作用；主效应模型 M_2 中，社会心理安全氛围对人为贬损的回归系数估计为−0.885（显著）；在调节模型 M_3 中，社会心理安全氛围和团队消极情绪的乘积交互项对人为贬损的回归系数为 0.209（显著），表明团队消极情绪具有调节作用。

表 6.25 社会心理安全氛围对人为贬损的影响检验

因变量	人为贬损		
模型	控制模型 M_1	主效应模型 M_2	调节模型 M_3
截距项 γ_{00}	2.506***	4.97***	4.687***
性别 β_{10}	0.024	0.032	0.048
年龄 β_{20}	−0.306**	-0.27*	−0.261*

续表

因变量	人为贬损		
企龄 β_{30}	0.225**	0.21*	0.19*
地域特征 β_{40}	−0.114	−0.127	−0.131
社会心理安全氛围 γ_{01}		**−0.885*** **	−1.906***
社会心理安全氛围 × 团队消极情绪 γ_{02}			**0.209*** **
方差项			
σ^2	1.23	0.37	0.37
τ_{00}	0.369***	0.43***	0.328***

注：N（个体内）=331，N（团队）= 22；预测变量所对应的数值为在稳健的标准误差（robust standard errors）下的固定效果估计数；* 代表 $p<0.05$；**代表 $p<0.01$；***代表 $p<0.001$。

资料来源：作者整理编制。

研究结果表明：部门或生产车间管理者只有在员工工作过程中，重视与心理健康相关的政策、规程和行为实践，才能有效避免员工个人声誉、业绩信息、隐性地位等受到侵害。但在团队消极情绪较强的时候，社会心理安全氛围的作用会降低，职场中无论是欺负者本人还是旁观者，都会因为其消极情绪而对他人进行贬损型欺负，比如，向领导打小报告、制造障碍影响其业绩、阻止其获得应有奖励，这些行为均会对受欺负者造成莫大的心理伤害。

6.2.3.4 社会心理安全氛围对工作压制的影响检验

将工作压制作为结果变量，将个体层次控制变量、社会心理安全氛围、社会心理安全氛围和团队消极情绪的乘积分别代入跨层次回归模型，结果如表 6.26 所示。结果显示：在控制模型 M_1 中，以性别、年龄、企龄和地域特征作为个体层次控制变量，企龄起到控制作用；在主效应模型 M_2 中，社会心理安全氛围对工作压制的回归系数估计为-1.04（显著）；在调节模型 M_3 中，社会心理安全氛围和团队消极情绪的乘积交互项对工作压制的回归系数为 0.09（不显著），表明团队消极情绪不具有调节作用。

表 6.26　社会心理安全氛围对工作压制的影响检验

因变量	工作压制		
模型	控制模型 M_1	主效应模型 M_2	调节模型 M_3
截距项 γ_{00}	2.506***	5.40***	6.629***
性别 β_{10}	2.510	-0.067	-0.059
年龄 β_{20}	-0.149	-0.077	-0.073
企龄 β_{30}	-0.083*	0.162	0.139
地域特征 β_{40}	0.220	-0.176	-0.177
社会心理安全氛围 γ_{01}		-1.04***	-1.477***
社会心理安全氛围 × 团队消极情绪 γ_{02}			0.09
方差项			
σ^2	0.439	0.45	0.45
τ_{00}	1.235***	0.317**	0.30***

注：N(个体内)=331，N(团队)= 22；预测变量所对应的数值为在稳健的标准误(robust standard errors)下的固定效果估计数；* 代表 $p<0.05$；**代表 $p<0.01$；***代表 $p<0.001$。

资料来源：作者整理编制。

研究结果表明：部门或生产车间管理者只有在员工工作过程中，重视与心理健康相关的政 策、规程和行为实践，才能有效避免违背员工个人意志、让个人被迫服从工作安排等情况发生，进而降低欺负者对受欺负者进行指手画脚、无故要求加班、分配最差的工作等现象发生的频率，员工心理健康也会得到保证。并且无论团队消极情绪是何状况，社会心理安全氛围始终有效。

6.2.3.5　社会心理安全氛围对人身攻击的影响检验

将人为贬损作为结果变量，将个体层次控制变量、社会心理安全氛围、社会心理安全氛围和团队消极情绪的乘积分别代入跨层次回归模型，结果如表 6.27 所示。结果显示：在控制模型 M_1 中，以性别、年龄、企龄和地域特征作为个体层次控制变量，企龄起到控制作用；在主效应模型 M_2 中，社会心理安全氛围对人身攻击的回归系数估计为-1.09(显著)；在调节模型 M_3 中，社会心理安全氛围和团队消极情绪的乘积交互项对人为贬损的回归系数为 0.198(显著)，表明团队消极情绪具有调节作用。

表 6.27 社会心理安全氛围对人身攻击的影响检验

因变量	人身攻击		
模型	控制模型 M_1	主效应模型 M_2	调节模型 M_3
截距项 γ_{00}	2.506***	4.979***	4.767***
性别 β_{10}	2.510	0.202	0.217*
年龄 β_{20}	−0.149	−0.192	−0.18
企龄 β_{30}	−0.083*	0.267	0.23**
地域特征 β_{40}	0.220	0.008	-0.001
社会心理安全氛围 γ_{01}		−1.09***	−2.076***
社会心理安全氛围 × 团队消极情绪 γ_{02}			0.198*
方差项			
σ^2	0.42	0.43	0.43
τ_{00}	0.87***	0.275*	0.20*

注：N（个体内）=331，N（团队）= 22；预测变量所对应的数值为在稳健的标准误差（robust standard errors）下的固定效果估计数；*代表 $p<0.05$；**代表 $p<0.01$；***代表 $p<0.001$。

资料来源：作者整理编制。

研究结果表明：部门或生产车间只有在员工工作过程中，重视与心理健康相关的政策、规程和行为实践，才能有效避免员工遭受他人的身体攻击、言论攻击和情绪宣泄。但在团队消极情绪较强的时候，社会心理安全氛围的作用会降低，无论是欺负者还是旁观者，都会因消极情绪而对他人进行人身攻击，受欺负者则会因他人的身体侵犯、挖苦与戏弄、成为出气筒等遭遇而受到心理伤害。

6.2.3.6 社会心理安全氛围对社会排斥的影响检验

将社会排斥作为结果变量，将个体层次控制变量、社会心理安全氛围、社会心理安全氛围和团队消极情绪的乘积分别代入跨层次回归模型，结果如表 6.28 所示。结果显示：在控制模型 M_1 中，以性别、年龄、企龄和地域特征作为个体层次控制变量，地域特征起到控制作用；在主效应模型 M_2 中，社会心理安全氛围对社会排斥的回归系数估计为−0.813（显著）；在调节模型 M_3 中，社会心理安全氛围和团队消极情绪的乘积交互项对社会排斥的回归系数为 0.164（不显著），表明团队消极情绪不具有调节作用。

表 6.28　社会心理安全氛围对社会排斥的影响检验

因变量	社会排斥		
模型	控制模型 M_1	主效应模型 M_2	调节模型 M_3
截距项 γ_{00}	2.341**	4.55***	6.97***
性别 β_{10}	-0.119	-0.069	-0.06
年龄 β_{20}	-0.140	-0.100	-0.097
企龄 β_{30}	0.432***	0.428**	0.419***
地域特征 β_{40}	0.100	0.092	0.084
社会心理安全氛围 γ_{01}		-0.813***	-1.675**
社会心理安全氛围 × 团队消极情绪 γ_{02}			0.164
方差项			
σ^2	0.37	0.39	0.39
τ_{00}	1.34***	0.48***	0.353**

注：N(个体内)=331，N(团队)= 22；预测变量所对应的数值为在稳健的标准误差(robust standard errors)下的固定效果估计数；*代表 $p<0.05$；**代表 $p<0.01$；***代表 $p<0.001$。

资料来源：作者整理编制。

研究结果表明：部门或生产车间管理者只有在员工工作过程中，重视与心理健康相关的政策、规程和行为实践，才能有效避免员工处于边缘性的地位或被打上“边缘地位”烙印，才能降低其遭受“业绩被他人占有、集体活动不邀请、求助时不给予帮助”等欺负行为的可能性，最终使得员工心理健康得到保证，并且无论团队消极情绪是何状况，社会心理安全氛围始终有效。

6.3　实证结果讨论

6.3.1　假设检验的总体情况

表 6.29 是对本研究假设检验情况的汇总。根据该表可知，本研究大部分研究假设得到了支持。

表 6.29 本研究假设检验情况汇总表

假设	假设支持情况
H_1 个体与团队的差异越大，其职场欺负的感知越明显，这种身份差异主要体现在性别和地域特征上	
H_{1a} 个体与团队成员在性别上差异越大，职场感知欺负越明显	全部支持
H_{1b} 个体与团队成员在地域上差异越大，职场感知欺负越明显	全部支持
H_{1c} 个体与团队成员在企龄上差异越小，职场感知欺负越明显	除工作压制维度外，全部支持
H_2 个体-团队的差异在对职场欺负感知的作用机制中，团队认同起到中介作用	
H_{2a} 团队认同感知越高，职场欺负感知越低	各维度全部支持
H_{2b} 个体与团队成员在性别上差异越大，团队认同越低	除权利剥夺维度无中介作用外，全为部分中介
H_{2c} 个体与团队成员在地域上差异越大，团队认同越低	除权利剥夺维度无中介作用外，全为部分中介
H_{2d} 个体与团队成员在企龄上差异越小，团队认同越低	除权利剥夺维度无中介作用外，全为部分中介
H_3 社会心理安全氛围对职场欺负感知有直接影响	
H_{3a} 社会心理安全氛围对职场欺负中的权利剥夺有直接影响，社会心理安全氛围越高，权利剥夺的感知越低	支持
H_{3b} 社会心理安全氛围对职场欺负中的人为贬损有直接影响，社会心理安全氛围越高，人为贬损的感知越低	支持
H_{3c} 社会心理安全氛围对职场欺负中的工作压制有直接影响，心理全氛围越高，工作压制的感知越低	支持
H_{3d} 社会心理安全氛围对职场欺负中的人身攻击有直接影响，社会心理安全氛围越高，人身攻击的感知越低	支持
H_{3e} 社会心理安全氛围对职场欺负中的社会排斥有直接影响，社会心理安全氛围越高，社会排斥的感知越低	支持
H_4 团队消极情绪状态对职场欺负具有调节作用	
H_{4a} 团队消极情绪越强烈，职场欺负发生概率越小	全部支持
H_{4b} 团队消极情绪在个体-团队在性别上差异和职场欺负感知的关系中起到调节作用	
H_{4c} 团队消极情绪在个体-团队在地域上差异和职场欺负感知的关系中起到调节作用	在权利剥夺和社会排斥维度上不支持
H_{4d} 团队消极情绪在个体-团队在企龄上差异和职场欺负感知的关系中起到调节作用	仅在权利剥夺维度上支持
H_{4e} 团队消极情绪在社会心理安全氛围和职场欺负感知的关系中起到调节作用	在工作压制和社会排斥维度上不支持

资料来源：作者整理编制。

表 6.30 是对个体-团队差异对职场欺负影响作用假设检验情况的汇总表,其中包括了团队认同的中介作用和团队情绪的调节作用的假设检验情况。

表 6.30　个体-团队差异对职场欺负的影响作用汇总表

个体-团队差异	影响作用	权利剥夺	人为贬损	工作压制	人身攻击	社会排斥
个体-团队性别差异	直接作用	√	√	√	√	√
	团队认同中介	非中介	部分中介	部分中介	部分中介	部分中介
	团队情绪调节	×	×	×	×	×
个体-团队地域差异	直接作用	√	√	√	√	√
	团队认同中介	非中介	部分中介	部分中介	部分中介	部分中介
	团队情绪调节	×	√	√	√	×
个体-团队企龄差异	直接作用	√	√	×	√	√
	团队认同中介	非中介	部分中介	非中介	部分中介	部分中介
	团队情绪调节	√	×	×	×	×

资料来源:作者整理编制。

个体-团队差异对职场欺负直接作用方面,只有个体-团队的企龄差异→工作压制的假设检验没有得到验证;在团队认同的中介作用方面,团队认同对权利剥夺没有起到任何中介作用,对个体-团队企龄差异→工作压制也没有起到中介作用,其他全为“部分中介”作用;在团队消极情绪的调节作用方面,团队消极情绪起作用的机制有四项,分别为地域差异→人为贬损、地域差异→工作压制、地域差异→人身攻击、企龄差异→权利剥夺。

表 6.31 是对社会心理安全氛围对职场欺负影响作用假设检验情况的汇总,其中包括团队消极情绪的调节作用的假设检验情况。研究发现,社会心理安全氛围对职场欺负的五个维度都有作用,验证了本研究的假设;在团队消极情绪调节作用方面,验证研究假设的有社会心理安全氛围→权利剥夺、社会心理安全氛围→人为贬损、社会心理安全氛围→人身攻击。

表 6.31　社会心理安全氛围对职场欺负的影响作用汇总表

社会心理安全氛围的影响作用	权利剥夺	人为贬损	工作压制	人身攻击	社会排斥
直接作用	√	√	√	√	√
团队情绪调节	√	√	×	√	×

资料来源:作者整理编制。

6.3.2　研究结果的讨论

权利剥夺型职场欺负是由个体-团队身份差异直接作用产生的,它并没有通过团队认同这一中介作用产生。经与样本企业两位直接领导的访谈得知,企业生产一线的员工权利,都是企业规定的,生产班组并没有相应的权力,员工在这方面的权力也相对较弱。个体-团队的差异则是部分通过提高团队认同度来降低职场欺负感知的,但并不完全是通过"团队认同度"这一中介产生的,因此后续研究应该深度挖掘这一机制。在团队消极情绪的调节作用中,团队消极情绪与性别差异之间没有交互影响,性别要素并不是团队情绪的诱因;企龄差异则与团队消极情绪交互影响着权利剥夺,印证了本研究的判断;地域差异则与团队消极情绪交互影响着人为贬损、工作压制和人身攻击。社会心理安全氛围对职场欺负的所有维度均有直接影响,而社会心理安全氛围与团队消极情绪共同影响着权利剥夺、人为贬损和人身攻击。

第7章 总结与展望

本章将根据第2章、第3章的理论研究和第4章至第6章的实证研究结果，开展系统性总结，同时阐述本研究的主要结论和理论贡献，进而提出对现实管理实践的启示与建议。比如，改善团队建设、提升社会心理安全氛围、关注情绪型组织以及系统完善企业人力资源管理，等等。最后本章指出了本研究的局限性，并从理论维度的拓展和实证研究的深耕两个方面提出了对未来研究的建议。

7.1 结论和理论贡献

7.1.1 本研究的主要结论

7.1.1.1 职场欺负量表开发与维度检验

本研究在第4章中，通过访谈法和探索性因子分析，修改并形成了在中国情境下的“职场欺负”测量量表，共形成了职场欺负的五个维度，分别为权利剥夺（指降低、减少、消除个体实现其自身利益的可能性）、人为贬损（指采取各种方式贬低和减少个体个人声誉、业绩信息、隐性地位等，以间接的方式导致个体遭受各方面损失）、工作压制（用强制的方式，并违背个体的意志，使得个体被迫服从在工作上的一些安排）、人身攻击（即某人或某些人因主观意愿针对他人进行身体攻击、言论攻击和情绪宣泄）、社会排斥（即个体由于受到社会接触、社会关系和群体身份的限定和限制，而处于边缘性的地位和被打上“边缘地位”烙印）。这些维度均通过了验证性因子分析。本研究通过实证研究发现，工作场所普遍存在“职场欺负现象”，并且在中国情境下，本研究开发出的五个维度具有很好的解释力。

7.1.1.2 团队情境下“个人–团队差异”对职场欺负的影响

本研究发现，个体与团队成员在“社会身份特征”上的差异(如性别差异和地域差异)越大，员工受欺负的可能性就越大，即处于动态变化中的团队“社会身份特征”，比如性别特征、地域特征，明显表现出“少数人”身份的人更易受到欺负，且与他具体是何种性别、来自何地无关。此外，本研究还发现，在某种程度上地域身份认同可以转化为团队身份认同，地域身份认同是在外力影响和个体行为的双重因素下建构的，在认同形成的过程中，企业生产车间的工作群体基于家庭背景和地域特征的人际吸引，既可以强化个体的地域认同，又可以形成相应的团队认同。

对于代表“组织身份特征”的差异(如企龄差异)，研究表明，高企龄员工无论在什么样的欧几里得距离中，都表现出不受欺负的倾向。这也与我们通常知晓的“资历老的员工欺负新员工”的现象一致，并且本研究的研究进一步说明，即使老员工是团队中的少数派，也不受欺负。这可能因为企业存在利益固化行为，比如，企龄高的员工有可能获得早期员工持股，而企龄低的员工则没有机会获得员工持股，因此在这种固化的团队构成中，更易发生职场欺负。本研究将这种欺负称为“制度性欺负”，并呼吁企业给予员工更多享有组织身份的机会，这一点也在很多优秀企业近年来的管理实践中得到了印证。

7.1.1.3 团队情境下“团队消极情绪”的调节作用

团队消极情绪具有阈值特征，即在团队消极情绪水平较高的背景下，个体与团队的身份差异越大，越容易受到职场欺负；而在团队消极情绪水平较低的背景下，这种差异性并不是职场欺负的诱因。因此，团队消极情绪并不是越坏越表现出职场欺负，而是存在一个临界点，一旦突破临界点限制，团队消极情绪就可能导致职场欺负的发生。因此在实践中，管理者必须高度重视职场欺负的旁观者和实施者消极情绪状态的变化。这一职场欺负形成机制符合情绪事件理论的框架，遵循“事件—情绪—态度行为”的典型路径。

7.1.1.4 社会心理安全氛围的重要功能

本研究将西方的社会心理安全氛围量表翻译成中文，并通过探索性因子分析和验证性因子分析，发现该量表的中文版问卷具有非常好的信度和构念效度，因而社会心理安全氛围的概念测量能够在中国得到很好的应用。同时，本研究发现社会心理安全氛围具有重要的功能，它对避免职场欺负的形成具有重要的意义。在实践应用方面，社会心理安全氛围强调团队和组织层面的多层次框架，核心是企业各级管理者对员工心理健康问题的重视，将员工心理安全健康看作与身体安全健康同等重要。作为管理者（尤其是现场或一线管理者），必须将员工心理安全健康视为关键工作目标之一，同时制定与保护员工心理安全健康目标相一致的政策、规程，并保证其在各个层面的贯彻实施。

7.1.2 本研究的理论贡献

7.1.2.1 基于团队情境形成职场欺负研究的新范式

目前关于职场欺负的实证研究，大多从工作要求-资源模型出发来挖掘职场欺负的形成机制，然而对于组织情境尤其是团队情境，鲜有实证研究。长期以来基于工作要求-资源模型的压力研究是职场欺负的主流范式，忽略了组织领导者对员工心理健康与安全的关心程度，也忽略了团队消极情绪对职场欺负行为以及员工心理健康可能造成的消极影响。本研究通过引入"社会心理安全氛围""团队消极情绪"变量，从团队和组织层面丰富了有关职场欺负的现有研究，也为基于批判管理和后现代主义的非功能主义范式研究职场欺负提供了新视角。

7.1.2.2 对职场欺负和社会心理安全氛围的测度做出了贡献

本研究在综合考虑中国权力文化、面子文化、公平文化和人际关系文化的基础上，通过实证研究形成了职场欺负的五个维度：人为贬损、工作压制、人身攻击、权利剥夺和社会排斥。本研究的贡献是细分了职场欺负的维度，补充和完善了关于职场欺负研究在中国文化背景中的体现。本研究基于中国情境，并通过访谈和验证性因子分析方法，扩展了职场欺负的内涵和维度，并形成了社会心理安全氛围（PSC）的中国情境量表，为进一步研究中国情境下的员工心理健康问题奠定了基础。

7.1.2.3 对职场欺负的影响因素做了团队层面的解释

本研究认为，职场欺负不仅仅是工作特征引起的，组织因素（尤其是团队因素）也是职场欺负各维度的重要诱因。尤其是本研究发现员工“社会身份多元化”“组织身份非多元化”能够有效避免职场欺负的发生，并且这种多元化是通过“团队认同”这一中介变量实现的。

7.1.2.4 发现社会心理安全氛围对避免职场欺负的重要意义

研究发现社会心理安全氛围能够避免员工遭受职场欺负。在社会心理安全氛围水平较高的情境下，能够充分削弱员工对可能的职场欺负和苛刻的团队消极情绪规则造成的认知，社会心理安全氛围作为安全信号功能得到充分释放。本研究的研究结论将为未来在此方面的研究提供理论基础。

7.2 实践启示与建议

本研究形成的主要结论具有多方面的实践启示，包括团队建设、社会心理安全氛围提升、情绪型组织建设以及人力资源管理方面的启示和建议，这些建议是结合实证研究结果以及作者与企业管理者的交流而得出的。

7.2.1 团队建设方面的建议

7.2.1.1 社会身份和组织身份的路径选择

实证研究表明，团队认同的形成有两条路径：第一条路径是基于员工的社会身份建立起来的；第二条路径是基于组织身份建立起来的。第一条路径是员工与团队其他成员的社会身份（主要是性别和地域特征）差异越大，越容易受欺负；第二条路径是员工与团队其他成员组织身份差异越大（针对高企龄员工和有企业特殊身份的员工），越不容易受欺负。而本研究表明，样本企业中大部分生产车间是基于地域特征建立起来的团队认同。这种团队认同感会被组织身份感所淡化，即第一种路径和第二种路径本身是相悖的。根据社会认同理论，人们在选择某一群体成员资格来建立自我身份时，主要基于提高自尊、提高认知安全感、满足归属感和找寻存在的意义四种心理动机，即这四种动机的完成与否直接影响下属对其他群体或个体的认同水平的高低。他会将个人情感寄托在以社会身份为特征的团队上。对于车间一线的员工而言，部分外地员工在工作地所形成的社交网络，主要通过"地域特征"建立起来的非正式组织，这种社交网络是社会学提出的"乡村纽带"（rural ties），成型于他们外出打工之前，在外地的工作场所中，基于这种纽带会加强彼此的情感交流。

但目前劳动力多样化已经成为不可逆的趋势，并且对于员工个人而言，这种身份是不可改变的，而能够改变的是"组织身份"，因此本研究认为应当尽量减少组织身份多样化的可能性，比如减少不同雇佣类型、是否参与员工持股计划、享受特殊待遇的员工比例等等。唯有这样才能减少员工受欺负的可能性。建立以生产班组或其他非正式组织形式为基础的、不同于乡村纽带的"城市纽带"（urban ties）——基于组织和生产车间的纽带关系，是降低职场欺负发生率的重要措施。

7.2.1.2 员工"幸福班组建设"

对于员工心理健康管理，还普遍存在"大集体"式的集中化管理，忽略作为基层单元的"团队"（对于生产制造业工人而言，就是生产班组）的作用，因此团队建设或者说生产班组建设，多有"螺丝钉式班组""堡垒式班组""X 型班组"等特征。近年来很多致力于管理创新的企业都开始实施一种"细胞型班组"建设，其本质就是尊重人性和提升效率。"幸福班组"建设的意义就在于将工作组织和社会组织统合起来，典型的是苏州固锝公司"幸福班组"的组织形式，一方面强调工作效率和小团组作业，另一方面倡导"家文化"，实现班组与社会关系的重建，并且定期实施"班组"交流制度和表彰制度，提升员工获得来自领导和同事的幸福感水平。同时，应多采用基于团队的管理方法，比如将团队改善提案数量作为绩效考核指标等，通过团队全员参与、积极沟通来达成团队的目标。

7.2.2　社会心理安全氛围提升方面的建议

7.2.2.1　重视员工的参与感

社会心理安全氛围要求员工主动参与管理，并拥有向上反馈的沟通渠道，但目前制造业企业生产车间现场普遍存在工作压制，甚至压抑人性的强制行为，工人在生产中的自主权很少，最典型的是“军队化和军事化的管理模式”的广泛使用。然而这种管理模式既不利于员工的心理健康和安全，也不符合中国制造业的转型升级。本研究的样本企业和案例对象都来自制造业企业生产现场，按照生产系统理论，信息产品复杂的外形和频繁地更新换代，要求硬件（Hard-ware）、软件（Soft-ware）和人件（Human-ware）的有效契合，这种契合内在要求工人有参与车间管理和主动解决工艺技术问题的意愿，这也要求必须重构工人与工人、工人与工厂、工人与社会的关系，只有这样才能使工人掌握综合技术、相互协作并有主动参与管理的意愿。而现实情况是，根据《中国农民工“生存感受”2013 年度报告》显示，农民工幸福感及其与社会生活和社会地位有关的幸福感仍较弱，且与人际关系、社会参与、社会地位有关的幸福感数据同比下降。

7.2.2.2　一线班组长管理能力的提升

当前企业经营管理重视对职能管理者管理能力的提升，比如财务管理、投资管理、市场营销等，但是却忽略了对一线班组长人员管理能力的培养。对于员工心理健康与安全而言，一线班组长对生产现场员工心理的把握能力和员工情绪变化的认知能力非常重要。班组长是所有管理人员中与员工接触频率最高的群体。多项研究表明，一线生产人员的离职和满意度与一线班组长关系最为密切。本研究通过访谈发现，不同班组长所管理的生产线，员工流失率差别很大，根本原因是班组长在对工作现场情绪掌控、对员工心理危机的认识、对员工心理状态的管理能力方面存在差异。班组长不是在生产线后面的“高椅子”上坐着监控员工的人，而是在生产线上补位和辅导的人，各级管理者应当设身处地为员工心理健康着想。

7.2.3 关注情绪型组织方面的建议

7.2.3.1 关注工作特征并提高员工技能多样性

本研究没有考虑到引起消极情绪发生的诱因。而情感事件理论认为，工作的特征会导致积极或消极的工作事件发生，进而引发个人的情感反应，即形成某种情绪状态。由此可推断，在本研究中出现的员工消极情绪可能主要来自工作特征，在生产制造车间中，尤其是流水线生产车间，员工需要投入持续的关注；同时由于全自动化的生产装备和 ERP 生产信息系统的使用，员工自主决定生产进程的可能性越来越小。因为员工技能水平偏低，在应付异常情况方面，仅仅依靠少数员工，多数员工只能按照标准流程去生产作业。在这种状况下，生产车间的员工情绪状态很容易向消极方向转化，进而微小的扰动事件就会影响生产现场的人际氛围，导致员工受欺负的可能性加大。组织不仅仅是一个认知系统，也是一个情绪系统。很多企业只有在职场欺负升级为社会性群体事件的时候，才意识到问题的严重性。因此，组织要关注员工的诉求和情绪，人力资源管理部门应成为组织的敏感神经、情绪反应器和业务合作伙伴，而不仅仅作为职能管理者（即负责薪酬管理、员工招聘和绩效考核等）。同时组织应提高员工的培训水平，使员工技能多样化，从而有效缓解员工的消极情绪。

7.2.3.2 避免过高的“组织情绪规则”

情绪组织管理必须重视“情绪规则”在其中的重要作用。Ekman 和 Friesen（1969）首先提出了“情绪规则（emotional rules）”的概念，组织的情绪规则是在特定组织情境下，员工需要与组织所期望的情绪规则保持一致。也就是说，企业有目的地规定员工应该具备什么样的情绪，应该表达什么样的情绪。研究表明，员工对企业、团队的认同度越高，即组织情绪规则对于员工的内化程度越高，相应地员工所能耗竭的情绪就越少，员工的心理安全就越能得到保障。

企业的“组织情绪规则”越苛刻，员工的心理安全参照点就越低，职场欺负感知就会越强，同时对别人施加职场欺负的可能性也就越高。比如，中国很多制造型企业在生产车间现场实行“静音模式”，从员工进入车间开始不允许他们说任何与工作无关的话，员工就像螺丝钉般围绕工作转圈，不能与同事交流，不能开着轻音乐有说有笑地工作。这种组织情绪规则的要求极高,员工不仅感到其合理的工作权利受到剥夺,更可能将其情绪转移到与自己身份不同的其他员工身上。

另一种“组织情绪规则”过于苛刻的表现就是“高惩罚和连带责任”的绩效考核规则,它使得员工必须保持长时间的专注,当员工总是想着“我不应该违反规定,否则就会罚钱”时,他们的注意力就会放在如何规避问题上,而不是有效工作上。这样导致的结果是员工保持着高度的精神紧张感,情绪压力也得不到有效缓解。因此,企业和生产班组应该实行“容错型绩效考核”,以降低“组织情绪规则”的高要求。

7.2.4　企业人力资源管理方面的建议

7.2.4.1　人力资源管理弹性化以避免“制度性欺负”

利益分化会形成一种制度性欺负,利益分化问题已经严重影响老员工与新员工之间的关系。比如,本研究的样本企业在 2011 年之后,决定不再向员工提供持股计划。这种做法不仅使老员工的收入远远高于新员工,也不断强化了已获得股权员工在组织内的社会地位。这样获得股权的员工更代表了企业利益,这部分员工强化了自己的企业认同和团队认同,但同样也弱化了低企龄员工的认同感,他们遭受职场欺负的可能性会增加。微软公司、通用汽车和 IBM 公司也出现过类似问题,即终止向一线生产和一线研发员工发放公司股权,这使得员工为了获得更多的收入,只能迈向管理层,并通过提拔升迁来实现。那些没有机会获得管理职位的一线员工则会成为工作权利、绩效考核等诸多方面的受欺负者。因此,企业在必要时要为员工获得股权计划留出足够空间。很多企业员工股权计划成为奖励老员工和认可老员工的工具,却忽略了为未来员工提供股权的机会,这实际上为职场欺负埋下了伏笔。

人力资源管理的弹性化还表现为在员工身份转换和提供组织晋升机会方面留出空间,避免“玻璃天花板”(Glass Ceiling)效应。比如,让临时雇佣身份的员工有机会成为合同制员工,合同制员工有机会获得公司长期雇佣的机会(包括参与员工持股计划)。海底捞公司就有类似的弹性化管理制度。该公司负责北京 10 家分店的经理只有 24 岁,天津分店经理也才 23 岁,并且都是进城务工人员,除了少数需要技术知识的公司管理层岗位外,其他管理岗位(尤其是经营类岗位)的管理层完全采取内部人员晋升的模式。

7.2.4.2 重视"福利"在提高团队认同感中的作用

有关薪酬管理的大量实证研究表明，福利组合是改善员工认知的重要工具。尤其是对于到异地打工的人员而言，福利恰恰能够在一定程度上消除身份感缺失所带来的社会疏离，进而减少职场欺负发生的可能性，提高员工心理健康与安全水平。比如海底捞公司就为员工提供员工保险、免费集体食堂和宿舍家政服务。尤其是家政服务，消除了一线工人的自卑感，更为其建立"城市人身份"提供了坚实基础。另外，每一位员工除了工作角色还承担着社会角色（如家庭等）。如果企业能够帮助员工做一些社会角色的事，使员工更好地完成工作角色，那么企业的管理就更容易成功，也是公司"福利"创新的举措。在这方面，伟创力公司的生产一线管理经验具有借鉴意义。该公司为满足其员工关于农村的留守儿童在教育、发展和情感方面的需求，在湖南和广西开设"日间课堂"，以满足进城务工人员照顾留守子女的需求；向进城务工人员留守子女分发手机以便他们能够通过免费热线平台，经常与自己的父母联系；为父母和子女提供免费咨询服务和有效沟通培训，进一步加强家庭联系。

7.2.4.3 赋予工人权利以避免职场欺负的发生

本研究发现，个体-团队身份差异性直接影响员工的权利剥夺感（没有团队认同的中介机制）。赋予员工权利并不是一线生产班组长能决定的，而是取决于企业经营层的管理理念。员工权利也被看作"精神福利"，尤其对于新生代的农民工而言更是如此。因此，企业必须高度重视员工的精神需求，允许工人充分表达诉求，把给予员工"社会心理安全氛围"纳入企业预算。在这方面企业可发挥的空间很大，比如企业建立内部沟通机制，江淮汽车实行"蓝色托盘计划"，即在午餐时间如果有一线员工拿到蓝色托盘，那么他就有机会与公司管理层共同就餐，并就个人权利问题向管理层反馈。

在互联网时代，一线员工的互联网利用率较高，作为网络信息的参与者和发布者，互联网尤其是移动互联网为一线员工的权利主张提供了开放平台，员工的权利意识无形中得到了提高，甚至到了非常强烈的程度。企业不能漠视员工的这种权利表达需求，而应积极合理地引导，比如通过建立内部论坛和内部网的方式合理征集员工权利剥夺的意见。同时对短期雇佣员工（合同工）而言，目前权利保障机制尚未建立健全。或者针对这部分具有独特雇佣特征的员工建立独立机制，通过团队互助等方式，预防员工因为各种个人特征的原因而遭到社会排斥，从而调动这部分员工工作的积极性和实现他们融入企业的愿望。

7.3　本研究局限性与未来研究建议

7.3.1　研究局限性

7.3.1.1　研究对象的局限性

本研究主要以天津市制造业企业为背景，以大型装备制造业等产业为研究对象，属于针对特定区域、特定行业的员工社会心理安全氛围和职场欺负开展的实证研究。同时，本研究的抽样采用了方便抽样，样本存在一定的偏态。由于制造业生产车间现场差异性很大，同时目前出现“工业机器人”取代“劳动力”的情况，生产车间尤其是班组建设也出现了很多新动向，这种动向对工人的要求不断提高。同时本研究忽略了一线销售人员、一线服务人员，乃至技术研发人才和管理人才中存在的职场欺负现象。比如一线销售和服务人员，具有典型的情绪性劳动特征，其既可能受到顾客的欺负，同时也可能受到同事和领导的欺负。此外，员工也可能将职场欺负进行转移，转移到顾客那里，形成不同于本研究的欺负特征。

7.3.1.2　数据来源的局限性

中国各地区的文化、产业基础和技能工人的储备都不尽相同，因此各地区会形成各具特色的产业特征。因此，职场欺负的界定和社会心理安全氛围的界定也会存在文化上的差异，所以未来研究应当加强不同地域企业间的比较。同时本研究数据收集方法过于单一，对职场欺负主要从受欺负者感知层面进行测度，缺乏从欺负者和旁观者角度收集的数据。

7.3.1.3　研究方法的选择

受样本观测的影响，本研究采用截面研究的方法，研究结论有一定的局限性。因为职场欺负是一个持续发生行为，不同时间节点上职场欺负表现出来的特征及其影响因素都有差别；同时情绪变化也有一定的周期性，忽略团队消极情绪的周期性也是本研究的缺陷。因此，未来研究需要进一步进行动态的纵向研究。

7.3.1.4 研究变量的选择

本研究中出现的社会心理安全氛围、团队情绪等团队层次变量，往往是工作任务特征、人力资源管理以及领导与员工互动共同作用的结果，由于观察变量和样本的限制，本研究须在未来研究中对此进行改进。本研究在控制变量上存在不足尤其是忽略了个体情绪对团队的影响，比如领导者的情绪特征。

7.3.2 未来研究建议

针对上述研究局限性，对未来研究提出以下建议。

7.3.2.1 研究对象的拓展

本研究建议未来研究可将研究对象拓展到多行业、多工种的员工群体中，从而检验职场欺负、社会心理安全氛围等量表在不同组织、行业及文化背景下的适用性。

7.3.2.2 团队情境的新特征

本研究建议未来研究可尝试将研究对象扩展到信息服务产业的一线员工。由于该类组织所提供的产品和服务不同于制造业，具有无形性、易逝性、多变性、生产与消费同一性和不可分离性（顾客是服务场景共创者），因此信息服务行业中的自我管理团队，往往负责一件完整的工作，没有监控，自主决定工作时间和工作方法，鼓励团队成员掌握多门技术，并控制团队招聘工作。在这种自我管理团队情境下，团队层面社会心理安全氛围对职场欺负行为的抑制作用可能更突出。

7.3.2.3 研究视角的整合

Zohar 和 Tenne-Gazit（2008）指出，变革型领导是影响员工安全感的重要因素，因此未来研究应关注领导风格在社会心理安全氛围的塑造以及职场欺负行为的形成过程中发挥的重要作用。同时未来职场欺负方面的研究应将社会心理安全氛围和 JD-R 模型进行整合，在 JD-R 模型中嵌入组织外因素以及员工个人因素以便更深层次分析职场欺负的形成过程。

7.3.2.4　测量上的多角度

未来需要结合多种测量途径，对职场欺负等相关变量进行测度，例如可以采用受欺负者评价、欺负者评价和旁观者评价相结合的方式，并采取配对的方式进行多变量关系的检验。这样可以降低社会赞许性对研究结果的影响，减小研究假设结果的误差，进而增强研究结论的科学性和有效性。

7.3.2.5　研究模型上的拓展

在研究模型上，本研究只选择了跨层次调节模型，未来为了整合员工个体情绪智力、个体情绪、团队情绪基调、团队认同、社会心理安全氛围等变量，关于职场欺负的研究可采用“一致的多层次模型”。因为职场欺负不仅出现在团队内部，更存在于团队之间，甚至可能升级为团队之间的暴力行为。正如 Jeffrey Becker（2012）研究发现“当中国农民工拥有广泛的城市纽带时，依赖暴力路径和实施暴力路径的概率会显著降低”。而乡村纽带往往具有“熟人圈子”般的封闭性，因此团队间的消极情绪和行为会产生“回音壁”般的强化效应。

7.3.2.6　职场欺负的干预研究

本研究及其相关研究都是理论层面的探讨，缺乏对职场欺负干预机制的研究。未来研究可开展进一步的实验研究，比如判断职场欺负干预措施的效果，以及不同员工对欺负的敏感性和忍耐性的差异，尤其是可以开展基于车间现场和服务现场的田野研究（Field Study）。

同时可以建立不同学科、不同理论派别、不同研究方法共同研究职场欺负的局面，为改善员工心理健康提供更好的理论和实证基础。

附录 A：预调研问卷

敬爱的女士/先生：

您好！感谢您在百忙之中能抽空填写本问卷。

这是一份纯学术性的问卷，主题是关于中国文化背景下职场心理与行为的研究。您的意见是本研究的重要资料来源，您的协助对我们的研究而言是非常重要的。您所填写的问卷，除了研究者之外，不会有其他人看到。问卷所得信息也仅供学术研究分析，绝不会对外公开，资料也绝对保密。另外，本问卷采用匿名填写方式，您不必填写姓名，因此请您放心填写。

由衷地感谢您的支持与协助！祝您身体健康，万事如意！

1. 工作场所欺负行为测量请您根据过去一段时间（6 个月）内各种感受状态出现的频率，在相应选项空格内打“√”。

下列是对您在工作场所的负性行为的感知描述，请勾选与您情况相符合的选项	从未如此	很少如此	偶尔如此	经常如此	总是如此
有人对我进行侮辱，使我难堪	□	□	□	□	□
我遭到他人口头威胁（如指手画脚）	□	□	□	□	□
有人在工作场所散播我的流言蜚语	□	□	□	□	□
有人对我进行暴力威胁或身体侵犯	□	□	□	□	□
我遭到他人过分的戏弄和挖苦	□	□	□	□	□
因习惯、背景和缺陷而受到他人戏弄	□	□	□	□	□
有人总是拿我当出气筒撒气	□	□	□	□	□
我总被无缘无故地要求加班，或下班时给我分配些烦琐的工作	□	□	□	□	□
我的核心权利被剥夺，取而代之的是无价值工作	□	□	□	□	□
有人总向主管或领导打我的小报告	□	□	□	□	□
我工作时被过度监控，自由度太少	□	□	□	□	□
我总被分配些苦活、脏活和累活	□	□	□	□	□
迫于工作压力，我不能享受应有权利（如假期）	□	□	□	□	□
有人故意给我工作制造障碍（如使绊子），影响我的业绩表现	□	□	□	□	□
有人阻止我获得应有的报酬或奖励	□	□	□	□	□
我的工作业绩总是被别人占有或忽视，而我忍气吞声	□	□	□	□	□

续表

下列是对您在工作场所的负性行为的感知描述,请勾选与您情况相符合的选项	从未如此	很少如此	偶尔如此	经常如此	总是如此
本部门很多集体活动(如聚餐、旅游)不邀请我	□	□	□	□	□
我有工作问题向同事求助时,有时得不到回应	□	□	□	□	□

2. 您所在部门领导是否重视员工心理健康问题?

下列是对您的社会心理安全氛围的感知描述,请勾选与您情况相符合的选项	完全不同意	不同意	一般	同意	完全同意
在我们部门,领导能迅速纠正影响员工心理健康的问题	□	□	□	□	□
当涉及员工心理状态的问题被提出时,领导能果断地采取行动	□	□	□	□	□
领导积极参与并能坚定信心解决员工心理问题	□	□	□	□	□
领导会优先考虑员工的心理健康	□	□	□	□	□
领导将员工心理健康看作有重大意义的事件	□	□	□	□	□
领导认为员工心理健康与提高生产水平、生产质量同等重要	□	□	□	□	□
在我们部门,就心理安全与健康相关的问题,有畅通的沟通渠道	□	□	□	□	□
我的领导常告诉我有关职业心理健康的信息	□	□	□	□	□
我向部门领导提出的关于解决职业健康与安全方面的意见或建议常能被倾听	□	□	□	□	□
在我们部门,员工和工会成员以及健康安全代表能就职业健康与安全问题参与决策并进行咨询	□	□	□	□	□
我们部门鼓励员工参与有关职业健康与安全相关的事宜	□	□	□	□	□
我们部门对工作压力的预防深入到各个层次	□	□	□	□	□

3. 您的性别是? □男 □女

4. 您是哪年出生的? 19 年

5. 您的户口所在地为:

5-1 您是非农业户口还是农业户口? □非农业户口 □农业户口

5-2 您的户口所在地与公司所在地是否相同? □相同 □不同

6. 您的学历是哪一种?

□小学 □初中 □高中 □中专 □专科 □本科 □硕士 □博士

7. 您的婚姻状况? □未婚 □已婚

附录 B:正式调研问卷

敬爱的女士/先生:

您好!感谢您在百忙之中能抽空填写本问卷。

这是一份纯学术性的问卷,主题是关于中国文化背景下职场心理与行为的研究。您的意见是本研究的重要资料来源,您的协助对我们的研究而言是非常重要的。您所填写的问卷,除了研究者之外,不会有其他人看到。问卷所得信息也仅供学术研究分析,绝不会对外公开,资料也绝对保密。另外,本问卷采用匿名填写方式,您不必填写姓名,因此请您放心填写。

由衷地感谢您的支持与协助!祝您身体健康,万事如意!

1. 以下是关于情绪状态的描述词,请您根据过去一段时间(6 个月)内各种情绪状态情态,在相应的选项空格内打"√"。

下列是对您的情绪状态的感知描述,请勾选与您情况相符合的程度	非常轻微	轻微	一般	强烈	非常强烈
我感到羞愧	□	□	□	□	□
我感到难过	□	□	□	□	□
我感到害怕	□	□	□	□	□
我感到紧张	□	□	□	□	□
我感到惊恐	□	□	□	□	□
我感到内疚	□	□	□	□	□
我易怒	□	□	□	□	□
我战战兢兢	□	□	□	□	□
我恼怒	□	□	□	□	□

2. 以下是对您部门认知的描述,在相应选项空格内打"√"

下列是对您的部门认知的描述,请勾选与您情况相符合的程度	完全不同意	不同意	一般	同意	完全同意
当有人批评我们部门或车间时,我觉得自己受到了侮辱	□	□	□	□	□
我很想知道别人是如何评价我们部门或车间的	□	□	□	□	□

续表

下列是对您的部门认知的描述,请勾选与您情况相符合的程度	完全不同意	不同意	一般	同意	完全同意
当我说起我们部门或车间时,总是倾向于说“我们”而不是“他们”	□	□	□	□	□
部门或车间的成功就是我的成功	□	□	□	□	□
当有人称赞部门或车间时,我会觉得是在夸自己	□	□	□	□	□
如果别人批评了部门或车间,我也会觉得颜面无光	□	□	□	□	□

3. 以下是关于工作场所行为的描述词,请您根据过去一段时间(6个月)内各种感受状态出现的频率,在相应选项空格内打“√”。

下列是对您的工作场所行为的感知描述,请勾选与您情况相符合的选项	从未如此	很少如此	偶尔如此	经常如此	总是如此
我的核心权利被剥夺,取而代之的是无价值工作	□	□	□	□	□
迫于工作压力,我不能享受应有权利(如假期)	□	□	□	□	□
有人在工作场所散播我的流言蜚语	□	□	□	□	□
有人总向主管或领导打我的小报告	□	□	□	□	□
有人故意给我制造工作障碍(如使绊子),影响我的业绩表现	□	□	□	□	□
有人阻止我获得应有的报酬或奖励	□	□	□	□	□
我遭到过他人口头威胁(如指手画脚)	□	□	□	□	□
我总被无缘无故地要求加班,或下班时给我分配些烦琐的工作	□	□	□	□	□
我总被分配些苦活、脏活和累活	□	□	□	□	□
有人对我进行暴力威胁或身体侵犯	□	□	□	□	□
我遭到他人过分的戏弄和挖苦	□	□	□	□	□
本部门很多集体活动(如聚餐、旅游)不邀请我	□	□	□	□	□
我有工作问题向同事或领导求助时,有时得不到回应	□	□	□	□	□

4. 您所在部门领导是否重视员工心理健康问题？在相应选项空格内打“√”。

注：此题的关注点是心理健康，不是生产安全。

下列是对您的社会心理安全氛围的感知描述，请勾选与您情况相符合的选项	完全不同意	不同意	一般	同意	完全同意
在我们部门，领导能迅速纠正影响我们心理健康的问题	□	□	□	□	□
当危及我们工作压力或心理健康的问题出现时，领导能果断地采取行动	□	□	□	□	□
领导积极参与并能坚定信心解决员工心理问题	□	□	□	□	□
部门领导会优先考虑员工的心理健康	□	□	□	□	□
领导将员工心理健康看作有重大意义的事件	□	□	□	□	□
领导将员工心理健康看作与提高生产水平、生产质量同等重要	□	□	□	□	□
在我们部门，就心理健康相关的问题，有畅通的沟通渠道	□	□	□	□	□
领导常告诉我有关改善心理健康的建议	□	□	□	□	□
我向部门领导提出的关于解决心理健康与工作压力方面的意见或建议常能被倾听	□	□	□	□	□
在我们部门，员工和工会成员能就心理健康与工作压力参与决策	□	□	□	□	□
我们部门鼓励员工参与有关心理健康相关事宜	□	□	□	□	□
我们部门对工作压力的预防深入到各个层次	□	□	□	□	□

5. 您的性别是？ □男 □女

6. 您是哪年出生的？ 19　　年

7. 您是本地人吗？ □是 □不是

8. 您的学历是哪一种？

□小学 □初中 □高中 □中专

□专科 □本科 □硕士研究生 □博士

9. 您的婚姻状况？ □未婚 □已婚

10. 您的职级：

□高层管理（总经理和副总经理级）

□中层管理（部门经理、副经理、经理级）

□基层管理（车间主任、业务主管等、主管级）

□普通员工

11. 您来现在单位的年限是:　　　　　（年）

12. 您和单位的劳动关系属于:□ 派遣工　□ 合同工　□ 正式工　□ 其他

再次感谢您牺牲宝贵的时间填写问卷!

参考文献

[1] 陈晓萍，徐淑英，樊景立. 组织与管理的实证研究方法[M]. 北京：北京大学出版社，2008.

[2] 代同亮，雷星晖，陈骋. 职场霸凌对工作绩效的影响：谦卑领导和工作热情的作用[J]. 预测，2018，37(6)：47-53.

[3] 郭靖，张碧红，黄绿香，等. 职场欺凌的中国文化背景分析：基于深度访谈的探索性研究[J]. 中国临床心理学杂志，2015(2)：302-307.

[4] 蒋奖，董娇，王荣. 负性行为事件问卷的修订[J]. 中国临床心理学杂志，2011(4)：458-461,465.

[5] 李小卉. 职场欺负对员工离职意向的影响：自尊的调节作用[J]. 当代经济，2017(29)：120-123.

[6] 马跃如，李树. 企业员工工作场所欺负与职业倦怠关系的实证研究[J]. 湖南财政经济学院学报，2011，27(1)：133-139.

[7] 聂光辉，李永鑫，唐峥华. 工作场所欺负与情感承诺、离职意向的关系[J]. 中国临床心理学杂志，2011(1)：113-115.

[8] 荀洪景，刘化侠，田芝丽. 负性行为问卷中文版信度、效度初步检验[J]. 中国护理管理，2012，12(6)：21-24.

[9] 杨林锋. 组织内部情绪表现的探索性研究[D]. 上海：复旦大学，2011.

[10] 周帆，刘大伟. 工作要求-资源模型新视角：基于社会心理安全氛围的分析[J]. 心理科学进展，2013，21(3)：539-547.

[11] ANNOR F，AMPONSAH-TAWIAH K. Relationship between workplace bullying and employees' subjective well-being：does resilience make a difference?[J]. Employee Responsibilities & Rights Journal，2020，32(2)：123-135.

[12] BARSADE S G. The ripple effect：emotional contagion and its influence on group behavior[J]. Administrative Science Quarterly，2002，47(4)：644-675.

[13] BARTLETT J E, BARTLETT M E. Workplace bullying: An integrative literature review[J]. Advances in Developing Human Resources, 2011, 13(1): 69-84.

[14] BURRELL G, MORGAN G. Sociological paradigms and organizational analysis[M]. London: Heinemen Education Books, 1979.

[15] DOLLARD M F, BAKKER A B. Psychosocial safety climate as a precursor to conducive work environments, psychological health problems, and employee engagement[J]. Journal of Occupational and Organizational Psychology, 2010, 83(3): 579-599.

[16] DOLLARD M F, OPIEA T, LENTHALL S, et al. Psychosocial safety climate as an antecedent of work characteristics and psychological strain: a multilevel model[J]. Work & Stress, 2012, 26(4): 385-404.

[17] EINARSEN S, HOEL H, ZAPF D, et al. Bullying and harassment in the workplace: developments in theory, research, and practice[M]. 2nd ed. Boca Raton, FL: CRC Press, 2011.

[18] EMDAD R, ALIPOUR A, HAGBERG J, et al. The impact of bystanding to workplace bullying on symptoms of depression among women and men in industry in Sweden: an empirical and theoretical longitudinal study[J]. International Archives of Occupational and Environmental Health, 2013,86(6): 709-716.

[19] GLASO L, NIELSEN M B, EINARSEN S. Interpersonal problems among perpetrators and targets of workplace bullying[J]. Journal of Applied Social Psychology, 2009, 39(6): 1316-1333.

[20] GLASO L, VIE T, HOLMDAL G, et al. An application of affective events theory to workplace bullying: the role of emotions, trait anxiety, and trait anger[J]. European Psychologist, 2011, 16(3): 198-208.

[21] HOEL H, SALIN D. Organizational antecedents of bullying[C]// EINARSENS S, HOEL H, ZAPF D, et al. Bullying and emotional abuse in the workplace. London: Taylor & Francis, 2003.

[22] HUTCHINSON M, WILKES L, JACKSON D, et al. Integrating individual, work

group and organizational factors: testing a multidimensional model of bullying in the nursing workplace[J]. Journal of Nursing Management, 2010, 18(2): 173-181.

[23] IDRIS M A, DOLLARD M F, COWARD J, et al. Psychosocial safety climate: conceptual distinctiveness and effect on job demands and worker psychological health[J]. Safety Science, 2012, 50(1): 19-28.

[24] JOHN B, BHATTACHARYA S, CHAWDA R. Personality antecedents and consequences of workplace bullying among faculty members at higher educational institutes in Central India[J]. Ilkogretim Online, 2021, 20(4): 2071-2082.

[25] JONES S E, HASLAM S A, YORK L, et al. Rotten apple or rotten barrel? Social identity and children's responses to bullying[J]. British Journal of Developmental Psychology, 2008, 26(1): 117-132.

[26] JONES S E, MANSTEAD A S, LIVINGSTONE A. Birds of a feather bully together: group processes and children's responses to bullying[J]. British Journal of Developmental Psychology, 2009,27(4): 853-873.

[27] JONES S E, MANSTEAD A S, LIVINGSTONE A. Ganging up or sticking together? Group processes and children's responses to text-message bullying[J]. British Journal of Psychology, 2011, 102(1): 71-96.

[28] LATANE B, DARLEY J M. The unresponsive bystander: why doesn't he help?[M]. New York, NY: Appleton-Century-Crofts, 1970.

[29] LAW R, DOLLARD M F, TUCKEY M R, et al. Psychosocial safety climate as a lead indicator of workplace bullying and harassment, job resources, psychological health and employee engagement[J]. Accident Analysis and Prevention, 2011, 43(5): 1782-1793.

[30] LEE J, LIM J, HEATH R L. Coping with workplace bullying through NAVER: effects of LMX relational concerns and cultural differences[J]. International Journal of Business Communication, 2017, 58(1): 79-105.

[31] LEE S, SMITH P K, MONKS C P. Meaning and usage of a term for bullying-like phenomena in South Korea: a lifespan perspective[J]. Journal of Language and Social

Psychology, 2012, 31(3): 342-349.

[32] MATTHIESEN S B, AASEN E , HOLST G , et al. The escalation of conflict: a case study of bullying at work [J]. International Journal of Management and Decision Making, 2003, 4(1): 96-112.

[33] MEGLICH-SESPICO P, FALEY R H, KNAPP D E. Relief and redress for targets of workplace bullying[J]. Employ Respons Rights, 2007(1): 31-43.

[34] MOAYED F A, DARAISEH N, SALEM S, et al. Workplace bullying: a systematic review of risk factors and outcomes[J]. Theoretical Issues in Ergonomics Science, 2006, 7(3): 311-327.

[35] NAMIE G, LUTGEN-SANDVIK P. Active and passive accomplices: the communal character of workplace bullying[J]. International Journal of Communication, 2010, 4 (5): 343-373.

[36] OJALA K, NESDALE D. Bullying and social identity: the effects of group norms and distinctiveness threat on attitudes towards bullying[J]. British Journal of Developmental Psychology, 2004, 22(1): 19-35.

[37] OLSER C. Workplace bullying: nature, consequences, and recommended policies[J]. Journal of Organizational Psychology, 2021, 27(2): 70-95.

[38] PHILLIPS N, LAWRENCE T B, Hardy C. Discourse and institutions[J]. Academy of Management Review, 2004, 29(4): 635-652.

[39] POZZOLI T, GINI G. Why do bystanders of bullying help or not? A multidimensional model[J]. The Journal of Early Adolescence, 2013, 33(3): 315-340.

[40] RAYNER C, HOEL H, COOPER C. Workplace bullying: what we know, who is to blame, and what can we do? [M]. London: Taylor & Francis, 2002.

[41] RAZALI N A, SALMIZI A N, ALI S N, et al. A study on workplace bullying and job performance in multinational companies located in Kuala Lumpur, Malaysia [J]. Global Business & Management Research, 2020, 12(4): 526-534.

[42] ROMANI L, PRIMECZ H, TOPCU K. Paradigm interplay for theory development: a methodological example with the Kulturstandard method [J]. Organizational

Research Methods, 2011, 14(3): 432-455.

[43] SALMIVALLI C. Bullying and the peer group: a review[J]. Aggression and Violent Behavior, 2010, 15(2): 112-120.

[44] SALMIVALLI C, LAGERSPETZ K, BJÖRKQVIST K, et al. Bullying as a group process: participant roles and their relations to social status within the group[J]. Aggressive Behavior, 1996, 22(1): 1-15.

[45] SEO Y N. The role of culture on workplace bullying: the comparison between the UK and South Korea[D]. Nottingham: University of Nottingham, 2010.

[46] VARTIA M A. Consequences of workplace bullying with respect to the well-being of its targets and the observers of bullying[J]. Scandinavian Journal of Work, Environment and Health, 2001, 27(1): 63-69.

[47] ZOHAR D. Thirty years of safety climate research: reflections and future directions [J]. Accident Analysis and Prevention, 2010, 42(5): 1517-1522.